「好き」で仕事をつくる

# ナリワイ起業

## 地域が変わるスモールビジネス

井東敬子 著

彩流社

## はじめに――「どうせ私なんて」と思っている人にこそ読んでほしい

はじめまして、井東敬子と申します。

２０１５年から、山形県鶴岡市で「ナリワイ起業講座」を開講しています。


「自分の好きなこと」×「身のまわりのささいな困りごと」

＝月３万円の収入を目指す「ナリワイ起業」。


収入は決して多くないけれど、好きなことをしているから楽しい時間が増えてきます。誰かの助けになって「ありがとう」という言葉が返ってくるから、「こんな私でも役に立てるんだ」とちょっぴり自信がついてきます。高い経費をかけないから、失敗したって自尊心がちょっと傷つくだけ。生活に支障はありません。そして、「ナリワイ起業」を始める人が、ひとり、またひとりと増えていくことで、地域が少しずつ変わっていきます。

ほしい未来を、あなた自身の手でつくること。あなたのハッピーと誰かのハッピーを一緒につくりあげること。それが「ナリワイ起業」です。

２０１５年、私は「ナリワイ起業講座」を始めました。以降、８年で11期、77人が巣立っています。ナリワイを楽しむ人たちのネットワークは全国に広がり、19の活動をつなぐ「わたしごとＪＡＰＡＮ」も誕生しました。

「地元のママ友の集まりでは本音を言わないようにしているけれど、ここではなんでも言えるからうれしい」と涙を見せた人、「どうせ、私なんて……」が口癖だった人。講座ではみんなで意見交換をしながらそれぞれのナリワイをつくり、最終回では実際に商品を売ったり、ワークショップを開催したりとナリワイを実践してみます。

私がいつも驚かされるのは、好きなことに打ち込んでいる人、誰かの役に立とうとしている人、自分で納得できる働き方をしようとしている人たちの笑顔が、本当にピカピカと輝いていること。「私なんて……」と言っていた人も、いつのまにか「私にもできたのだから、あなたにもできるよ」と、背中を押す側にまわっています。

とはいえ、私は「ナリワイ起業」以外の働き方を否定しているわけではありません。

会社勤めも、最初から事業の大規模化を目指した起業も、ボランティア活動も、すべてが尊い働き方です。「ナリワイ起業」だって、ひとつに専念しても、複数をかけもちしても、子育てや介護、会社の仕事やアルバイトとかけもちしたっていい。働き方はたくさんあるほうがいいと思っています。

「こんな働き方もあるんだな～」というヒントにしていただけるように、本書では、「ナリワイ起業講座」のカリキュラムをすべてご紹介しました。実際に講座で使用しているワークシートも、すべて掲載しています。

ぜひ、あなたの経験や工夫を加えて、アレンジしながら使ってください。

新しい一歩を踏み出してみると、見える景色はほんの少し変わります。

あなたが新たな景色を楽しむために、この本が少しでもお役に立てたらうれしいです。

２０２３年７月10日

井東敬子

目次

## 第8章　「ナリワイ起業講座」を主催したい方へ

# プロローグ

# 私が「ナリワイ起業」にたどりつくまで

## ♬「あなたは、自分の可能性を自分で潰している」

とくに好きなこともなく、自己肯定感も高くはなかった小中学生時代。親からは、「好きなことを仕事にして生きていけるのは、才能のある一部の人だけ。教員になれば一生安定した暮らしができる」などと言われて育ちました。

短大を卒業し、東京の大手旅行会社や山形の国際協力ＮＧＯを経て、32歳のときに就職したのが静岡県の富士山麓にある「ホールアース自然学校」。青木ケ原樹海の洞窟探検やキャンプの指導などをする野外活動のプロ集団です。

事務仕事だけをするという約束で就職したのですが、いざ始まってみると「人手が足りない」という理由から、たった一人で修学旅行生40人を連れて樹海の中にある火山洞窟のガイドをすることになりました。洞窟までのルートを覚えることに始まり、動植物の名前、参加者の安全管理まで、覚えることは限りなくある上に、２時間半のガイドプログラムは午前と午後に一回ずつ。体力的にも精神的にもつらくて布団のなかで泣いたこともあります。

自然学校では「ないものは自分たちでつくる！」が当たり前。藪を切り拓いてキャンプ場をつくったり、木をチェーンソーで切って家畜小屋をつくったり、ニワトリの屠畜をしたり……。なかにはクライミングウォールの命綱を持つなど、人の命に関わる仕事もありました。単に未経験というだけでなく、責任の重さに恐怖を感じるものもあり、入社半年で「できません！」が口癖に。創設者の広瀬敏通さんから指示された仕事も「できません」と即答すると、**「井東さんは、自分の可能性を自分で潰している。やってみなければわからないだろう。人の能力なんてたいして変わらない。僕にできることは井東さんにもできる」**

とんでもないことを言うものだと思いましたが、やるしかない状況まで追い込まれると、驚いたことにほとんどのことができました。この経験から、どんなことでも一度やってみてから、できるかできないかを判断するようになりました。20年間この言葉に支えられています。

## ♬ホールアース自然学校でつかみ取った2つのこと

そもそも、旅行会社のOLだった私が、どのようにしてプロの自然ガイドになれたのでしょう。

自然ガイドは動植物の知識にとどまらず、生き物が生息する自然環境やほかの生き物との関わり（生態系）、地域の歴史、文化など、多様な知識が必要です。そして、その知識を活かすも殺すも参加者とのコミュニケーションにかかっています。自然に関心のない人に関心をもってもらうのは、至難の業。先輩を見て、マネて、実践し、同僚からのフィードバックをもらい、また実践。これを繰り返しながら一人前になっていくのです。

自然ガイドになって2年目、「伝えたいことが参加者に伝わっていない」と感じる時期がありました。始めたころより知識は増えているはず。なのに、同僚が案内している人たちのほうがずっと楽しそうなのです。そこで、コミュニケーションスキル向上のため、カウンセリングの研修会に参加することにしました。

二人一組になり質問をし合いながらガイドを続ける理由を掘り下げていくと……。私は、参加者が何かを発見したり美しさに心が動き、顔がパッと輝く瞬間を見ることが大好きで、それを見たいがためにガイドをしていることに気づきました。

「好きなこと」がはっきりわかると、不思議なことに次に何をすべきか自然にわかるようになり、自分の中からエネルギーが湧いてきました。

まずはやってみる。自分の中の「好き」という気持ちを大切にする。ホールアース自然学校で学んだこの2点は、まさに今、「ナリワイ起業講座」の土台になっています。

## ♬月3万円ビジネスとの出会い

その後、ご縁あって結婚、2007年に都内で出産しました。上野で子育てをしていましたが、もっと自然豊かな場所で子どもを育てたい、という思いが芽生えてきます。

そして2011年、当時3歳半だった息子を連れて、山形県鶴岡市に引っ越しました。私は山形県上山市出身ですが、鶴岡市には縁もゆかりもありません。横浜市出身の夫は移住に向けて会社を辞めたので、二人とも無職でした。鶴岡市を選んだのは、幼い頃から「海の近くに住んでみたい」という憧れがあったから。そして、かつて鶴岡市を訪れた際に見た、家々の上空を飛ぶ白鳥の美しさが忘れられなかったから。

要するに、「なんとかなるだろう」という気持ち一つで移住したのです。

当初は知り合いもほとんどいませんでしたが、鶴岡市役所の方とご縁ができ、2012〜14年度に鶴岡食文化産業創造センターでアドバイザーとして働くことになりました。「3年間で鶴岡市に仕事を増やす」ことがミッションです。とはいえ、いわゆる創業塾などは、地元の信用金庫や公的機関が開催しています。小さな町で同じようなことをしても、人が集まるとは思えません。

そのとき、困って見上げた自室の本棚に『月3万円ビジネス』（藤村靖之著／晶文社）が並んでいました。開いてみると、**「月3万円、年間36万の利益をあげる小さな起業を始めましょう」**と書いてあります。なるほど！　イノベーションを起こすスタートアップのような大規模な起業ではなく、身の丈にあったささやかな起業する人の育成であれば、参加者の奪い合いになることはないし、3年で成果を出せるかもしれない。まさに、当時の状況にぴったりでした。

## ♬誰一人動き出さなかった2つの理由

翌2013年、藤村靖之さんをお招きし、講演会やワークショップを開催しました。講演会には、平日開催にも関わらず、100人もの人が参加してくれました。3回のワークショップも盛り上がり、これから何かが始まるような気配にわくわくしたことをよく覚えています。

でも結局のところ、そのときに集まった人たちは、誰ひとりとして起業しませんでした。

どうしてだろう？　私は「起業したい！」と盛り上がった人たち、一人ひとりにその理由を聞きに行きました。そこで言われたことは主に2つ。ひとつは「ひとりじゃ無理」ということ。もうひとつは「お金をもらって文句を言われたくない」ということでした。

たとえばクッキーを焼いてみんなにタダで配っているうちは「おいしい、おいしい」と喜んでもらえるけれど、「100円ね」と言ったとたんに固いとか、甘いとか、量が少ないとかいろいろと言われるようになる。タダで配っているほうが気が楽だと言うのです。そこでめげずに「その2つがクリアできたらやってみたい？」と聞いてみたら、「やりたい！」という声がたくさんあがりました。

そこで、2014年、「ナリワイ工房」という小さな起業講座を始めました。キャッチコピーは「部活のノリで起業しよう！」。部活だから仲間がいる。練習期間もある。「それならば」と、10人ほどのメンバーが集まりました。

3年という期限で引き受けた仕事は、そのときすでに3年目に突入していました。

## ♬1年間で8人が「ナリワイ起業」！

とはいえ、この時点では、まだカリキュラムすらありませんでした。一回目のミーティングは、集まった人を前に「はて、これから何しよう?」という状態。自己紹介が一巡した後、一人の女性が「私は生理用の紙ナプキンを布に変えたら体調が良くなったから、布ナプキンをつくるワークショップをやってみたい」と言いました。

さっそく彼女は、ワークショップを開催することに。自信満々に見えたので、大丈夫なのだろうと思っていたら、当日、受付を頼んでいた女性2人がそろって子どもが熱を出して来られなくなったり、予想以上にお客さんが集まりすぎてミシンが足りなくなったり、領収書の用意を忘れたり……。イベントを終えた彼女から、「ワークショップの運営方法を学びたい」と声が上がり、次は勉強会をすることになりました。

私は、彼女を見て気づきました。「ガイド養成と同じだ!」と。**まずやってみる。そして、うまくいかない原因を探り、対処する。**最初に手を上げてくれた彼女がいたから、「ナリワイ起業講座」が始まったと言っても過言ではありません。

さて、次は、全員で一斉にイベントを開催してみようということになりました。すると、うまく出来る人が困っている人を自然にフォローするという状況が生まれました。**凸凹があるからこそ、みんなが協力しあうようになるのです。**

講座中、私は、起業方法についてレクチャーしたわけではありません。話し合いのファシリテートとメンバーのチームビルディング、そして体験学習法を伝えること。これだけを続けていたら、1年後、主婦や若者8人が起業宣言をしたのです。私にとっても驚きの成果でした。

3年限定で引き受けた鶴岡食文化産業創造センターの事業はここで終了となりました。とはいえ、せっかく「ふつうの人」が起業する糸口を掴んだのだから、このまま終わってはもったいない。社会実験をしたいと思い、公益財団法人トヨタ財団に助成金を申請したところ、2年間助成金をいただけることになりました。さらに、参加者に移住者が多かったことから、鶴岡市が移住政策の予算をつけてくれることになりました。

こうして2015年、私の自主事業として「鶴岡ナリワイプロジェクト」が始まったのです。そして前述したように、いまでは11期、77人が「ナリワイ起業講座」を巣立ち、2019年には同様の取り組みを行う人をつなぐプラットホーム「わたしごとJAPAN」も生まれ、全国19カ所に広がっています。

鶴岡ナリワイプロジェクトの合言葉は「ほしい未来は自分でつくろう!仲間とつくろう!」です。「こうなったらいいのに」という理想の未来をつくるのは自分です。待っていれば誰かがつくってくれるわけではありません。でも、一人でできることは限られる。だから、仲間と協力してつくろうと呼びかけています。

自然ガイドをしていたとき、私たちが雑草と呼ぶ植物も、農作物を食い荒らすからと駆除されるイノシシやサルなどの動物も、すべての生き物には役割があること。そしてそれらが相互にかかわりあって生きていることを学びました。私は、まずは自分のまわりに、この自然のようなつながりと循環をつくりたいのです。

今、どうせ私なんて……と自信を無くしている人や、傷つかないようにとよろいを何枚も身につけてしまっている人も、ありのままの自分でいるだけでいいんだと自他共に認め合え、人々が有機的につながっていく社会をつくりたい。この本が、ありのままの自分に近づくきっかけになれれば、これほどしあわせなことはありません。

## 本書のワークシートの使い方

本書の2～5章では、ワークシートを書きながら自分のナリワイを見つけていきます。「ナリワイ起業」に向けた頭の準備体操だと思って、気楽にトライしてみてください。

### ■ワークシートを書く目的

ワークシートをすべて埋めることが目的ではありません。目的は、ワークシートを書いた後「何に気づいたのか」を認識することです。

### ■ワークシートに取り組む手順

①まずは、すべての質問に対して時間をかけずにさらっと書いてみる。初回ですべて書けなくても大丈夫。

②書いたものを見ながら、簡単に書けたところ、まったく書けなかったところはどこだろう？それはどうしてなのだろう？と考えてみる。

④書いてみて気づいたことをすべてメモする（自分だけが読めればＯＫ）

体験学習法

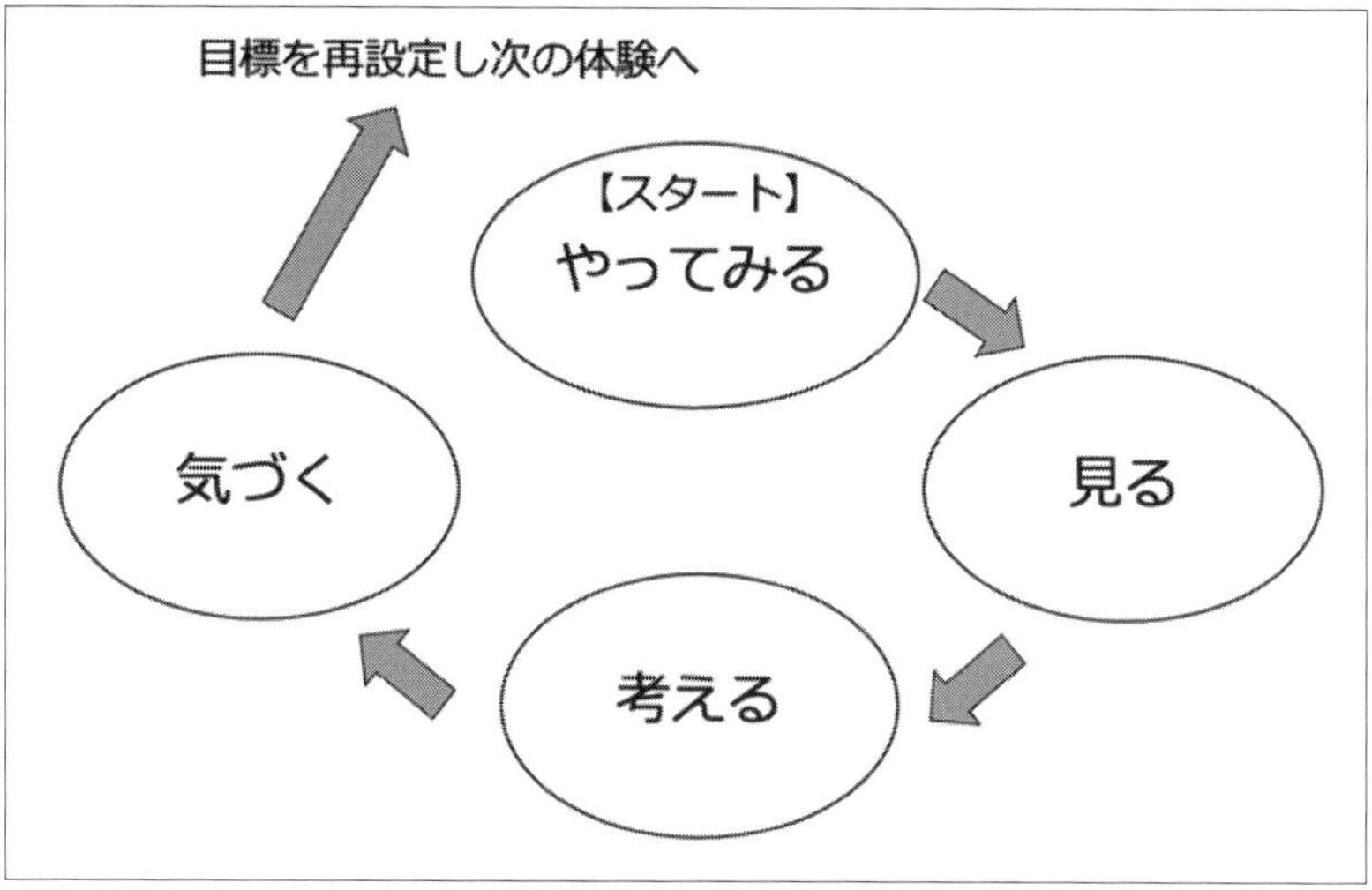


体験学習法のサイクル

この手順は、上の図に示した「体験学習法」と呼ばれる手法です。スタート地点は「まずやってみる」ということ。最初から完璧を目指さず、書けないところを確認し、なぜ書けなかったのかを考え、そこで得た気づきをもとに、らせん階段を登るように次の段階を目指していきます。「ナリワイ起業講座」ではワークシートの取り組み方だけでなく、ナリワイを立ち上げるまでの道のりそのものが、この「体験学習法」に則っています。

# 第1章

# 「ナリワイ起業」とは何か?

## 「ナリワイ起業」誕生！

「ナリワイ起業」という言葉は、私が考えた造語です。でも、そのベースにはプロローグでお伝えした通り、２０１１年に藤村靖之さんが『月３万円ビジネス』という本で提案された考え方があります。藤村さんは何を語られているのか、私がそこにプラスした考え方は何なのかを最初にお伝えしましょう。

### ♬藤村靖之さんの「月3万円ビジネス」という提案

「月３万円ビジネス」の軸になっている考え方は、次の３つです。
・人や社会が幸せになる「いいこと」だけを仕事にする。
・月３万円を2日で稼ぎ「副業」ならぬ「複業」で生計を立てる。
・自由な時間をたくさんつくり、その時間を「支出を少なくするための活動」にあてる。

２０１４年当時、「3年間で鶴岡市に仕事を増やす」というミッションを鶴岡食文化産業創造センターから託されていた私は、この斬新な提案から大きなヒントをいただきました。すぐに栃木県の那須町にある藤村さんの「非電化工房」を訪ね、この本を書いた理由を聞いたところ、藤村さんはこう語ってくださいました。

「最近は、若者たちがブラック企業でつらそうに働いているでしょう？　『そんな働き方をするくらいなら、自分で仕事をつくればいい』と言ってみたんだけれど、誰も起業しない。その理由を聞いてみたら、みんな口々に『借金するのはリスクが大きいし、そんな大それたことは自分にはできない』って言うんだよね。僕は発明家だからね、いい人が困っていたら発明してなんとかしてあげるのが仕事なの。だから、リスクゼロで起業する方法を発明しようと思ったの」

当時、起業して5年目だった私の脳裏には、創業当時、銀行から借入をしたときの覚悟が生々しく蘇ります。たしかに、あの大変さを望む人は少ないでしょう。成功する保証なんか、まったくないのです。でも、もし藤村さんが言うように借金をせず、起業できるとしたら……。そして、大儲けを狙うのではなく、利益月3万円という小さな収入を目指すのであれば、チャレンジのハードルはぐっと低くなります。

月3万円という金額以外にも、強烈に心惹かれたことがありました。

それは、**藤村さんが便利なモノやサービスに依存する社会に警笛を鳴らし、「3万円ビジネスをひとつのきっかけにして、自立していこう」というメッセージを発信していたことです。**

私は幼いころから「必要」も「欲望」もすべてお金で解決してきました。おなかがすいたら駄菓子屋へ、キャラクターの文房具がほしければ文具屋へ。会社勤めをしていたときのお昼ごはんは外食かコンビニで、服もバッグも新しいものに飛びつきました。

でも今ならわかります。本当は米もパンもみそも洋服も、その気になれば家だって、自分でつくれることを。そこには間違いなく「つくる楽しさ」があります。でも、この依存型社会は、人間から「やればできる」という可能性も、つくる楽しさも奪い取っているのです。そして、このシステムの中で生きているかぎり、生き延びるには多額のお金が必要になります。だから、お金を稼ぐために、人は多くの時間を仕事に費やすのです。

戦後50年間で、日本は奇跡と言われる高度経済成長を成し遂げました。もっと早く、もっと効率よく、もっと便利に。その3つを求めれば求めるほど、経済は大きくなりました。言い換えれば、誰かに依存しないと生きていけない社会システムが出来上がってしまったのです。

食料自給率ひとつとっても、昭和40年代は約70％でしたが、ここ50年で約40％に下がりました。私たちは、いつのまにか「自分では何もできない」と思い込まされてしまいました。

私自身も、ホールアース自然学校での経験から、そうしたことを体で感じていました。だから、藤村さんの本を読んだときに、「これだ！」と思ったのです。

**人間本来のクリエイティビティを取り戻そう。そう訴える「月3万円ビジネス」は、「ナリワイ起業講座」の土台となる哲学です。**

20世紀は、消費者に情報を与えず、作り手と買い手を分断させ、依存させてモノやサービスを買わせた時代でしたが、これからは、真逆のことをすればいい。**キーワードは、「知ること・つながること・自立すること」。それを実現する手段のひとつが「ナリワイ起業」だと思うのです。**

ちなみに、講座を立ち上げる際に「ナリワイ起業講座」とネーミングしたのは、「プチ起業」や「スモールビジネス」といった流行り言葉がしっくりこなかったからです。

その一方で、鶴岡市に移住してから「農業を生業（なりわい）にしている」とか「大工を生業にしている」という言葉を耳にすることが増え、都会ではあまり聞かない言葉だったせいか、いい響きだなと思うようになりました。そこで、「生業」ににちょっと現代風の要素を加えて「ナリワイ起業」にしようと思ったのです。

トドメは、『ナリワイをつくる――人生を盗まれない働き方』（ちくま文庫）の著者、伊藤洋志さんのお話を鶴岡市で聞く機会に恵まれたこと。「この偶然は、きっと神様が『このネーミングで行け！』と背中を押してくれたんだ」と思うことにして、正式に「ナリワイ起業講座」と命名したのです。

「ナリワイ起業」

好き　×　ささいな困りごと　＝ナリワイ起業

好きなことに必ず「ささいな困りごと」をかけあわせるのがナリワイ起業

## ♬好き×ささいな困りごと

私は「ナリワイ起業」を**「好きなことで誰かのささいな困りごとを解決する小さな起業」**だと定義しています。これは、「生きがいをもってしあわせに生きるための働き方」につながっていきます。

大事なのは、「好きだから」という理由だけで起業しないこと。必ず、身のまわりのささいな困りごとをかけ合わせて起業するのです。もっとわかりやすく言うと、**「自分の好きなことで誰かの役に立つこと」をビジネスに育てる**のです。

買ってくれた人に感謝され、自分も誰かの役に立てるという実感に自己肯定感が上がり、新しいつながりも生まれ、さらにお金もいただける。「ナリワイ起業」とはそんな働き方なのです。

「ナリワイ起業」の出発点となるのは、やはり「好き」という気持ちです。

「好き」には強烈なパワーがあります。自分を動かすエンジンです。プロローグでお伝えしたように、私自身も仕事を続ける理由を見失ったときに、仕事が好きな理由を再発見して前に進む力を得ました。

好きなことであれば、他人からはすごく努力しているように見えても、本人にとっては「ただただ楽しんでいるだけ」ということがよくあります。韓国ドラマ好きの私は、夢中で観ているうちに朝になっていた、ということもしばしば。字幕なしでドラマを楽しみたいという理由で韓国語を始めて、1年半になります。

ただ、「好き」と「得意」は違います。「得意だけれど、好きではない」ということは、誰にとってもあるのではないでしょうか。長く続けていくのであれば「得意だから」より「好きだから」。これはとても大事なことだと私は思っています。

「困りごと」は言い換えれば、「こうありたい」という願いであり、希望です。その願いに応え希望をかなえるから、お金を払ってもらえるのです。

裁縫好きのMさんが、着なくなった親の着物でうさぎの人形を作って売ってみようと思いました。最初は、友人たちも買ってくれました。でも、限界はすぐにやってきます。うさぎの人形を何十個もほしがる人はあまりいないからです。「頑張っているんですが、全然売れないんです。値段も手間暇も考えれば安いと思うんです。どうしたら売れますか?」。そう聞かれたのですが、Mさんの頑張りも、かけた時間も、買い手にはまったく関係のないことです。

ではどうすればいいか? 「売る」という発想から「どうやったら役に立てるだろう?」に変えてみるのです。

近所に住んでいる一人暮らしのおばあちゃんが「話し相手がいなくて寂しい」と言っていた。そこで、近隣のおばあちゃんたちが集まって、みんなでうさぎを縫うことにします。デザインと型紙を用意するのはMさんです。人形がひとつ売れるたびに、Mさんはおばあちゃんたちに売上の一部を払います。おばあちゃんたちには話し相手と居場所ができました。さらに「稼いだお金で孫に小遣いをあげられる」という喜びを感じることもできました。買った人はかわいい人形を手に入れるだけでなく、着物のリサイクルと、おばあちゃんの孤独解消に貢献した喜びを感じることができます。それがうれしくて、SNSで拡散したり、友だちのプレゼントにこの人形を選んだりします。

「裁縫が好きだから」「これでお金を稼ぎたいから」を、**「どうしたら役に立てるか」という発想に変えるだけで新たな世界が開けるの**です。

## 「ナリワイ起業」の働き方

働き方は、多ければ多いほうがいいと思います。「ナリワイ起業」はたくさんの働き方のうちのひとつ。では、会社員として働くこと、パートやアルバイトとして雇ってもらうこと、フリーランスとして案件ごとに業務委託契約を結ぶことなど、既存の働き方と「ナリワイ起業」の働き方はどう違うのでしょうか？

## ♬副業と複業が当たり前の時代になった

私が住んでいる地域では「フルタイムの仕事がイイ仕事」だという固定観念が強く、私の感覚的なものではありますが、とくに60代以上の方にそのような価値観が強いように感じます。イイ仕事の代表は公務員や銀行員、そして大手企業で正社員として働くこと。アルバイトとナリワイをかけもちしている大学院卒女性は、親に「ちゃんとした仕事に就いてほしい」と言われたそうです。子育てとナリワイを両立している女性は、「ママゴトしているならちゃんとしたところで稼いでくれ」と家族に言われました。ママゴトとはナリワイのことです。

「ナリワイ起業講座」を始めた２０１５年頃、ナリワイ起業も副業も複業もすべて「中途半端な仕事」という認識が大半でした。ところが、この7年ほどで状況が変わってきたのです。その理由としては、**「副業」や「複業」という働き方をする人が増えてきた**ことが大きいのではないでしょうか。

「副業」の副は、主と副の「副」のことで、本業のかたわらでサブ的な仕事をすることです。昨今では当たり前のように耳にするようになったこの言葉が定着したのは、２０１８年に働き方改革の一環として、厚労省の「モデル就業規則」から副業禁止という項目が削除され、副業・兼業の規定が追加されたことが大きいのではないか、と私は考えています。

副業を認めることで、企業にとっては「人材流出」や「本業に支障が出る」などのリスクも指摘されるなか、副業を解禁した企業はたくさんあります。副業を認めている企業は、この10年で倍増（日本経済団体連合会）というデータもあります。企業側は、社員が副業をすることで人脈や経験値を増やしていくことに期待しています。年功序列賃金や退職金の制度が見直されつつあるなか、副業を可能にしないと優秀な人材が集まらないという事情もあるようです。

さらにコロナ禍で拍車がかかりました。安定しているかに見えた企業の経営が揺らぐ様子を見て、「リスクヘッジのために、収入源を複数箇所に分けておくほうがいい」と考えて副業を始める人が増えたのです。リモートワークが定着したことで、オフィスにいる必要もなくなりました。パソコン一つあればどこでも働ける時代の到来です。終身雇用、年功序列という価値観は影を潜め、「自分のしたいことは副業で！」という働き方が、若い世代を中心に始まっているのです。

これに対して「複業」は、主と副ということではなく、本業を複数もつという働き方です。メインとする仕事を並行して複数持つことから「パラレルキャリア」と呼ばれることもあります。

小さな仕事をいくつもかけもちする「ナリワイ起業」は、次の図に示したように「複業」に近いイメージです。

## ♬「ナリワイ起業」と他の働き方の違いは？

よく、「ナリワイ起業とフリーランスの違い」や「ナリワイとプロボノの違い」を聞かれることがあります。次のページの表をご覧ください。尋ねられれば答えていますが、「ナリワイ起業」とその他のビジネスを線引きすることは、それほど重要なことではないと私は思っています。なぜなら、多くの既存のビジネスも、根底には社会を良くしようという思いがあるからです。

その上であえて強調するなら、**「ナリワイ起業」には、事業主体が自分自身であることと、ビジネスモデルを自分でつくっていること、という2点が欠かせません。**

ナリワイと他の働き方との違い

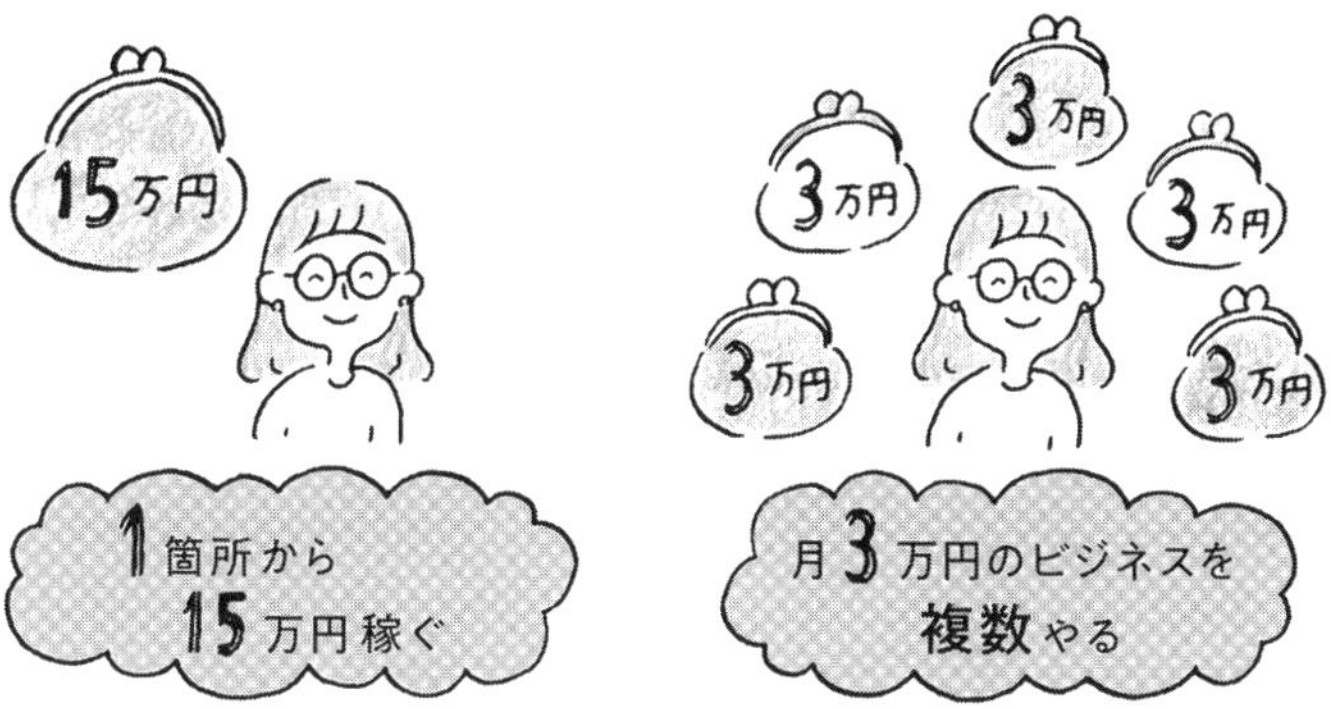


左側が従来の働き方。右側がナリワイの働き方

たとえば、写真も撮れるし文章も書ける、さらにデザインもできるという人がいたとしましょう。この人は、複数の企業とつきあいがあり、写真撮影だけの仕事、デザインだけの仕事を引き受けることもあれば、WEBページの編集を1人ですべて請け負うこともあ

ります。

この人の仕事を、私たちが定義するところの「ナリワイ起業か？」と聞かれれば、答えは「ノー」です。なぜなら、この人の仕事には広告会社や出版社という発注者がいるし、自分でビジネスモデルをつくりだしているわけではないからです。だから、ここで言う「ナリワイ起業」ではないのです。

（図）ナリワイ起業とそれ以外の働き方の違い

| 働き方 | 雇用関係 | ビジネスモデルを自分でつくる |
|---|---|---|
| **ナリワイ** | **事業の主体者** | ○ |
| ネットショップ開設<br>BASE・STORESなど | 事業の主体者 | × |
| 宅配パートナー<br>ウーバーイーツなど | 事業の主体者 | × |
| フリーランス | 事業の主体者 | △ |
| アルバイト・内職 | 雇用される | × |

ナリワイは、特定の企業や団体との雇用関係を持たずに、個人として独立して仕事を請け負う働き方。ビジネスモデルを０からつくる

・事業の主体者が自分であること。
・「好き×ささいな困りごと」でビジネスモデルを0からつくっていること。

この2つが「ナリワイ起業」とほかの仕事を分けるラインだと私は考えています。

## 「ナリワイ起業」で得られるものは？

お金とのつき合い方は難しいもの。収入ばかりを求めて激務に追われていると、心身ともに幸せから遠ざかっていきま

す。かといって、現代社会で生きていくには、それなりのお金が必要になるもの。実際、「ナリワイ起業」をひとつ立ち上げたところで、生計は成り立ちません。お金、働き方、納得感、成長……、いくつもの要素を天秤にかけながら、幸せのカタチを探ってみたいと思います。

## ♬お金さえあれば幸せなのか?

私が旅行会社で働いていた20代のころ、満員の小田急線に1時間揺られて通勤し、営業職としてノルマをこなす毎日でした。ストレス解消は3ヶ月に1度の海外旅行。高級ホテルに泊まり、ブランド品を買う。それをくり返しても、心にはいつもぽっかり穴が空いていました。

旅行会社を辞めた後は国際協力NGOで働きました。スタディーツアーでカンボジアに行った時、人々はお金がないのに楽しそうに見えました。今日食べる魚は今日釣らないと食べられないし、病気になっても薬はありません。大変なこともたくさんあるけれど、それでも夜、テレビを持っている人の家に集まって、みんなでテレビを見ている様子はとても楽しそうでした。西新宿の高層ビルで、飛び込み営業をしながらノルマを達成しようとしていたかつての私よりは、はるかに幸せそうに見えたのです。NGOの時給は700円。年収は4分の1になりましたが、「自分が住むまちを良くしていこう!」という思いで行動する人たちと一緒に働いていると、心にぽっかり空いていた穴は消えていきました。

こうした経験から、私は収入が高ければ幸せになれるという考え方に疑問をもつようになりました。とはいえ、現代日本では、生きるためには最低限のお金が必要です。そして、正直なところ、ナリワイだけで生活を成り立たせるのは難しいことです。なぜなら、複数のナリワイがすべて軌道に乗ったとしても、毎月定額で収入があるわけではないからです。不安定な生活に耐えられる精神力、家族の理解も必要です。それは、簡単なことではありません。

だから、**私はナリワイをひとつだけもって、ほかの仕事とかけもちすることを提案しています。**会社員も公務員も、子育て中の人も介護中の人も、病気で療養中の人も、できる範囲でひとつだけ「ナリワイ起業」にチャレンジしてみるのです。

本業で収入が十分あるという人は、「ナリワイ起業」に取り組むことで視野が広がり、「ありがとう」と感謝されてお金をいただけることで、新たな気づきをたくさん得られるでしょう。事情があって働けずにいる人のなかには、「こんな状況でも誰かに感謝され、お金をいただけるんだ」という経験から大きな自信を得て、前に進む一歩が見えてくるかもしれません。

**働き方は、いろいろあったほうがいい。**どの働き方が良くてどれが悪い、ということではありません。**大切なのは、自分が自分の働き方に納得しているかどうか、**なのです。

## ♬お金以外に得られるものは？

「ナリワイ起業」をした人は、みんな楽しそうです。そして、約半数の人がやめることなく続けています。もちろん、「好きだから」というのが大きな理由でしょう。でも、それ以外にもきっと何かあるに違いありません。「ナリワイ起業」を続けている理由をたずねると、全員が「楽しいから」と答えます。

そこで「楽しい」を分解してみます。人はどんなときに楽しいと思うのでしょうか?

私の場合は、こんな感じです。

・美味しいものを食べているとき
・新しい出会いやつながりが生まれたとき
・興味のあることを学んでいるとき
・できなかったことができるようになったとき
・自分が関わったことで誰かが笑顔になったとき
・ゼロから何かをつくりだしたとき

書き出してみて気づきました。これらはすべて「ナリワイ起業」のなかで得られることなのです。

また、第6章で詳しくお伝えしますが、「ナリワイ起業」では一緒に取り組む仲間をつくります。起業を準備する過程で、自分にはない価値観や視点を教えてくれる仲間の存在は、間違いなく成長を促してくれます。また地域にネットワークができれば、移住者のようにその土地に根付い

（図）ナリワイ起業で得られるもの

お金以外にたくさんのものが得られる

ていない人にとっては新たな居場所に、地域住民にとっては新しい視点を得られる機会になります。そして、この有機的なつながりが、災害時など万一のときのセーフティネットにもなり得るのです。

本来、仕事とはこのようなものだったのではないでしょうか？　いつから、給与と福利厚生ばかりに注目が集まるようになってしまったのでしょう。いつから、起業は特別な人がすることになってしまったのでしょう。経済成長を成し遂げる過程で、私たちは何か大切なものをなくしてしまったのではないでしょうか？

私自身、旅行会社で働いていたバブル期に比べたら、「ナリワイ起業」での稼ぎは決して多くはありません。でも、やればやるほど仲間が増え、胸には楽しさがぎっしりと詰まっています。**「お金以外に得られるもの」に目を向けたとき、「ナリワイ起業」の魅力は際立ってくる**のです。

第2章

# 自分の「棚おろし」をしてみよう！

☞第２章でチャレンジするワーク

ワーク① 「好きなこと」をピックアップしよう
ワーク② 「私の好きなモノ・コト発見シート」を書いてみよう
ワーク③-1 「ささいな困りごと」をピックアップしよう
ワーク③-2 「余っているもの」をピックアップしよう
ワーク③-3 「イラッとしたこと」をピックアップしよう
ワーク④ 「モチベーショングラフ」を書いてみよう
ワーク⑤ 「未来日記」を書いてみよう

## 「好き」という宝ものを掘り出そう

「ナリワイ起業」は「好き×誰かのささいな困りごと」だとお伝えしてきました。とはいえ、自分の「好きなこと」がわからない方もたくさんいます。まずは、ワークを通して、自分の「好き」を掘り起こしていきましょう。

### ♬「好きなこと」は、ナリワイづくりのメイン素材

あなたの好きなことは何でしょう？　「好きで好きでたまらないこと」がぱっと頭に浮かんだ方もいれば、「私が本当に好きなことって何だろう？」と、ふと考え込んでしまった方もいることと思います。

プロローグにも書きましたが、私自身も長いあいだ、自分の好きなことがよくわからないまま生きていました。３回目の転職で自然ガイドの仕事に巡りあい、「人が変わっていく瞬間を見ることが好きなのだ」と気づいて、そこから人生が開けていったのです。

「好き」は、自分の中に眠っています。本当に好きなことをしていると喜びがあふれ、全身にエネルギーが満ちてきます。**「好き」は、誰の中にも生まれたときから存在していて、探し出してもらうのを待っている。**私はそう確信しています。

とはいえ、「好きなことがわからなくて困っている」と言われることは、講座のなかでもよくあることです。

そのような人のなかには、これまで職場や家庭でまわりに合わせて生きてきた方が少なくありません。まわりに合わせるために、違和感を我慢し続けるのは苦しいこと。傷つくこともあるでしょう。人はそんなつらさを感じなくて済むように、自分の意思を封印していくことがあります。そうしているうちに、だんだんと自分が何者なのかがわからなくなってくるのです。長い間そうして生きてきた人は、突然「これからは好きなことをして生きよう！」と言われると、混乱するし、逆に苦しくなってしまうかもしれません。

思い当たる人は、「今日の朝食で自分が食べたいのはパンかごはんか、どっちだろう？」と自分に聞いてみることから始めてみてください。**小さくても確かな「選択」を重ねていくことが、好きなこと、やりたいことに近づく道しるべなのです。**

一方、前のめりに「好き」を探そうと思った人は、いろいろなことにチャレンジしてみることをお勧めします。私は、「自分のアンテナがわずかでも反応したらやってみる」を習慣にしています。

たとえば、気になる映画があったとします。気になってもすぐに観に行く人はあまりいません。「時間がない」、「1年待てばNetflixで観られるかも」、「口コミには期待外れと書いてあった」

……と、行かない理由をたくさん見つけて、せっかく感性が訴えかけてきた情報を頭で止めてしまうのです。でも、頭が出す答えがいつも正解だとはかぎりません。ある人から「頭と心は嘘つきで、正直なのは体だけ」と教えてもらいました。ときには、感性に従って動いてみましょう。そこから開く扉も、きっとあるはずです。

ちなみに、ここではあくまでもナリワイづくりの手順として「好き」を探しています。誤解しないでいただきたいのは、「人生には好きなことがあるほうがいいよ！　だから好きを探しましょう」と言っているわけではありません。

どんな人生がいい人生なのか。それは、各々が決めることだと私は思っています。

## ♬ワーク①「好きなこと」をピックアップしよう

次のことを思うままにピックアップしてみましょう。

・気づくと、ついしていること
・努力しなくてもできること
・なぜか、人に頼まれること
・やればやるほど、エネルギーが湧いてくること
・自分では大したことないと思っているのに、人から「すごいね」とほめられること

（ワーク②記入例）わたしの好きなモノ・コト発見シート

| | ～6才 | 小学生 | 中学生 | 高校生 | 18歳～ | 20代 | 30代 | 40代 | 50代～ |
|---|---|---|---|---|---|---|---|---|---|
| はまったこと | 泥だんご | ゴムとび | 巨人 | — | テニス バイト | 仕事、海外旅行、ダイビング | 自然体験 環境教育 研修会講師 | ナリワイ 水泳 | 韓ドラ 自転車 COTEN ラジオ |
| 食べ物 飲み物 | — | コロッケ | — | モスバーガー | — | エスニック料理 | マクロビ | 在来作物 | 麹 乾物 |
| 部活・勉強したこと | — | そろばん | そろばん | — | — | 開発教育 | カウンセリング、パーマカルチャー | 筋トレ 漢方 | 韓国語 |
| マンガ・本 アニメ、映画、音楽 | 宇宙戦艦ヤマト | 別マ 兼高かおる世界の旅 未来少年コナン | — | ユーミン 雑誌オリーブ | — | トレンディードラマ | 宮崎アニメ | 篤姫、あまちゃん、原田マハ | BTS Dr ストーン 今村翔吾 蜜蜂と遠来 |
| 人・タレント | — | ピンクレディー | 定岡選、篠塚選手 | — | — | — | 広瀬敏通 | — | キム・スヒョン |
| ペット 生き物 | 犬 | 犬 | 犬 | — | — | — | — | メダカ | ねこ |
| 好きな色 | — | — | 黄色 | — | — | — | 黒→緑 | 緑 | オレンジ、緑 |

すべての欄を埋める必要はない。思い出したらそれを糸口に、連想ゲームのように好きなことを見つけるために活用する。

## ♬ワーク②「私の好きなモノ・コト発見シート」を書いてみよう

ワーク①で書くことがあまり思い浮かばなかった……という方は、ぜひ、こちらのワークにチャレンジしてみてください。

ここでは、これまでに好きだったモノやコトを年代ごとに書き出していきます。すべてを一度に埋めようとせず、書けるところを書いていきましょう。コツは「質より量を出すこと」。少しでも好きだったものは、とりあえず書き出します。**「好き」にこだわらず、少しでも心が動くこと、時間を割いたこと、喜びを感じることを書いてもＯＫです。**

「収入につながるかどうか」という要素

もここでは不要。お金のことはいったん脇に置いて、純粋に好きなことを書き出してみます。化石を発掘するように、自分のなかを丁寧に掘り起こしていきましょう。

書き出すときのポイントは次の通りです。

### ①幼い頃のこともふりかえってみる

素直に生きていたころの自分には、たくさんのヒントが隠れているものです。どんな遊びが好きだった？　駄々をこねるほどほしがったものは何？　夢中になったアニメやゲームは？　家族や幼なじみなど、聞ける相手がいれば聞いてみましょう。

ちなみに、私は3歳～小学校低学年まで「泥団子づくり」に夢中でした。夕方、母に「ご飯よ～」と呼ばれるまで、しゃがみ込んで土を練っていました。今思うと、それが「自然ガイド」という仕事につながったのかもしれません。

いつの間にか辞めてしまった習いごとなどもありませんか？　どうして辞めてしまったのでしょう？　案外、辞めた理由は、引っ越しだったり、みんながやらなくなったからだったり、親の経済的な事情だったり……と、自分以外のところに原因があったのかもしれません。

### ②「うまくできた／できなかった」という評価をしない

学生時代に学んだことや、若いころに体験した仕事やボランティアなどを思い出しても、「いやいや、あんなのたいしたことではないんです」、「成果を出したわけではないから、ここに書くほどではないんです」などと、自分で自分を過小評価して手を止めてしまう方もたくさんいます。**ここでは、評価をする必要はありません。ただただ事実を書き出していくことが大切です。**

いかがでしょう、表は埋まりましたか？　もし可能であれば、友だちと一緒にやってみることをおすすめします。たとえば、友だちがマンガや音楽の欄をびっしり埋めていれば、それを見て思い出すことがあるかもしれません。一度で完成させようと思わず、思い出したときに少しずつ埋めていけばＯＫです。

ある程度表が埋まったら、少し眺めてみましょう。気づくこと、思い出すことは、何かありますか？

「幼いころに夢中になったことと、30代で打ち込んだことに共通点がある！」

「小学生のころに引っ越しがきっかけで辞めちゃった習いごと、ずっと忘れていたけれど、今やってみてもハマりそう!!」

そんな気づきも、ぜひメモに残しておきましょう。ここで見えてきたことは、ナリワイをつくる際の大きなヒントになります。41ページの表は、私が実際に書き込んでみたものです。

### ヒント！「好き」が見つからなかったら？

ここまでのワークをやってみても、好きなことが見つからない方もいることでしょう。でも、焦る必要はありません。「好きなことは見つからないけれど、ナリワイ起業をしてみたい」と思うのであれば、次の2点を基準に考えてみることもできます。

①「人からよく頼まれること」を手伝うことから始めてみる。第7章の「優秀なマネージャーが主役を輝かせる」の事例が参考になるかもしれません。

②「嫌なこと」はやらない。私たちは毎日数えきれないほどの判断をしながら生きています。何かを選ぶ瞬間に「好きか、嫌いか」と自分に問いかけ、嫌なことはやらないようにすることから始めてみるのもいいでしょう。

## 「ささいな困りごと」を見つけよう

第1章で、ただ「好き」なだけで始めた起業にはすぐに限界がやってくるけれど、「誰かの困りごと」を解消しようと思って始めると、どんどん広がっていくとお伝えしました。でも、「困りごと」をぱっと思いつく方は少ないかもしれません。ここではワークを通して、身近な「困りごと」を探していきます。

## ♬「ささいな困りごと」は氷山の一角

第1章では、「好き」という気持ちだけでうさぎの人形を作ったけれど、ひと通り友だちが買ってくれた後はまったく売れなくなった、というMさんのことを書きました。

似たような例をもうひとつあげてみましょう。同じく裁縫が好きなTさんは、小物入れを作って売っていましたが、友だちが買ってくれただけでそれ以上の広がりがありませんでした。原因は、市場ニーズを考えていないからです。**「ナリワイ起業」では、市場ニーズという言葉を「困りごと」に置き換えて考えます。不特定多数の顔が見えない「市場」ではなく、「たったひとりの困りごと」を解決することから始める**のです。

では、裁縫好きなTさんが解決できることは何でしょう。そう考えていたある日、小学校入学を控えた子どものお母さんのつぶやきを耳にします。「入学グッズを作らなければならないのだけれど、裁縫は苦手だしミシンも持ってない。でも、買うんじゃなくて、自分で作ってあげたい」。これこそ、「たったひとりの困りごと」です。Tさんが調べてみると、地域には入学グッズ作りを代行してくれる店はありますが、作り方を教えてくれるサービスはありません。そこで、生地屋に同行して一緒に布を選び、難しいところは手を貸しながら作り方を教える、というサービスをナリワイにしました。

**ささいな困りごとを解決する↓「ありがとう」と感謝される↓感謝の気持ちが小さなお金になっ**

**て返ってくる。**

この**小さな収入と笑顔が地域で循環すること**こそが「ナリワイ起業」なのです。

とはいえ、「あの人が困っているから」と、頼まれてもいないのに本人に代わって何かを叶えようとすると、うまくいかないことがほとんどです。私にもそんな時期がありました。無自覚でやっていたのですが、手伝った相手に「ありがとう」を言ってもらえなかったときに気づいたのです、心の奥にあった「やってあげている」という気持ちに。

自分自身が好きで、心からやりたいと思っているなら問題はありません。でもそこに、誰かに褒められたい、認められたいという承認欲求や、「私がやってあげなくちゃ」という一方的な使命感があると、相手との間に気持ちのズレがでてきます。「ナリワイ起業」は「好き」だけでも、「誰かの困りごとを解消したい」だけでもうまくいかないものだと痛感しました。両方をかけあわせて、初めてナリワイになるのです。

ここで、疑問が出てきます。

「たった一人のささいな困りごとでいいの？」「大きな社会課題に取り組まないと、ビジネスとして成り立たないのでは？」

大丈夫です。なぜなら、いま見えている「ささいな困りごと」は氷山の一角。海の下にはなんらかの社会課題が隠れています。Tさんの入学グッズづくりのお手伝いもたったひとりの友人のために始めたことでしたが、「裁縫が苦手な人、ミシンを持っていない人は意外と多い」、「教えてくれるサービスが地域にない」「作れない家庭や買えない家庭があることを学校側が理解していない」という課題が見えかくれしています。**海面の上にぴょこんと飛び出した氷は、誰かのささいな困りごと。それは見えにくい社会課題に光をあてる貴重な糸口**なのです。

昨今話題のＳＤＧｓ同様、大きな社会課題を前にすると、その大きさゆえに無力感を感じたり、懸命にやったのに問題がなくならないことに疲れてしまいがちです。その結果、その問題は誰にも取り組まれず、放置されることになります。

ここでは、「ささいな困りごと」を入り口にして、「どうしてたら売れるか」ではなく「どうしたら役に立てるか」を軸にナリワイをつくっていきましょう。

**♬ワーク③－１「ささいな困りごと」をピックアップしよう**

まずは、あなたのささいな困りごとを書き出してみましょう。

**ポイントは、主語を「私」や「私の友だち」にすること。**先ほどお伝えしたように、決して「わが町の人口減少は～」などと大きな困りごとを考えてはいけません。「わが町の人口減少」を私の困りごとレベルで考えるというのは、「現在、お正月しか戻ってこないわが子の帰省を、年２回に増やすにはどうしたらいいのだろう？」というレベルで考えることです。これならいろいろなアイデアが浮かぶのではないでしょうか？

他にも、「子どもが野菜を食べない」、「部屋の片付けができない」、「産後太って体重が戻らない」、「高齢の親が免許を返納しない」など、思い浮かぶことはありませんか？

もし出てこなければ、友だちと話してみることをおすすめします。他人の困りごとを聞いていると、「そういえば、私も！」と思い出すものです。

自分や友だちなど身近な人の困りごとは、「わたしごと」として真剣に解決しようと思えるし、困りごとが小さければ「私にもできるかも」と取り組む意欲が湧いてきます。

## ♬ワーク③－2　「余っているもの」をピックアップしよう

時々、「困っていることは、特にないんです」と言われることがあります。

そんな人におすすめしているのは、自分のまわりで「余っているもの」をあげてみること。

たとえば、「おばあちゃんの着物」、「空き家になっている実家」、「家庭菜園で採れすぎるキュウリ」、もっと身近なものでいえば、「風呂の残り湯」など。

余っているなんてもったいない！　なんとか活用できないか？　そんな発想でナリワイをつくってもいいのです。

（ワーク③−1、2、3 記入例）

**自分・家族・友だちのささいな困ごと・悩み**

・冷え性
・気圧で体調不良
・雪道運転
・子どもがゲームばっかり
・高齢の親の運転免許
・白髪
・洗濯物の臭い
・中性脂肪高い
・電気代が高すぎ！
・ぬか床が臭くなる
・図書館の予約の本、順番待ち

**身の回りで余っているもの**

・風呂の残り湯
・親の着物
・自転車
・実家：引き出物の食器
・１月、２月が暇

**イラっ／変だな？／悲しい／辛い**

・子どもの宿題が多い
・話がとまらない人
・人のせいにして自分ではやらない人

暮らしで感じるささいな困りごとを書き出す。困りごとが見つからない人は、身の回りで余っている物やスペース、時間。または、イラっとすること、変だな、辛い、悲しいと思うことでもよい

## ♬ワーク③−３「イラッとしたこと」をピックアップしよう

「余っているもの」も特にない、という方は、「最近イラッとしたこと」や「おかしいなと思ったこと」を思い出してみてください。そんな気持ちの後ろには、自分が大切だと思うことが隠れていたりします。

たとえば「いつもミーティングに遅刻してくるAさん」にイラっとしているあなた。苛立ちの背後には「遅れないで」と言いたいのに言えないという困りごとが見え隠れしています。このように「イライラ」や「あれ？」を糸口にし、ささいな困りごとを見つけてもいいのです。

「子どもの宿題、多過ぎるんじゃない？」、「予約して病院に行ったのに1時間も待たされた」、「Bさんはいつも自分の話ばかりする」、「白髪、いつまで染め続けるんだろう……」。

そんな**ささいな困りごとこそ、ナリワイづくりに必要な材料**です。

**ヒント！　解決できるかどうかは考えなくてOK**

このワークにトライするにあたって、「これは、自分に解決できる課題なのか？」「そもそも解決策があるのか？」「果たしてここからナリワイが生まれるのか？」などと考える必要はありません。まずは書き出してみる。すると、自分が何に困っているのかを意識できるようになります。

困りごとはナリワイの種。楽しみながら「ささいな困りごと手帳」をつくり書き溜めることをおすすめしています。世の中の便利グッズやアイデア商品の類は、生活の中のささいな困りごとから生まれたものがほとんど。困りごとは発明の母でもあるのです。

## 「理想の暮らし」について考えてみよう

これまで会社員生活しかしてこなかった人、子育てや介護に追われて仕事からは長らく遠ざかっていた人。どんな人にとっても、「ナリワイ起業」を始めるというのは、新しい人生の扉を開くことです。せっかくなら、ここで「自分がどんな生活を理想としているのか」について、改めて考えてみましょう。

## ♬ワーク④「モチベーショングラフ」を書いてみよう

理想の暮らしについて考える材料として、これまでの人生をふりかえってみるのはとても大事なことです。

たとえば、「高校時代は気の合う仲間に囲まれて、なんでもできるような気分だった」とか、「最初に就職した会社は窮屈な雰囲気で、常にもやもやしていた」など、気分に大きな上がり下がりがありませんか？　その波をよく見ていくと、自分が「うまくいくときのパターン」と「うまくいかないときのパターン」がわかってきます。こうしたマイパターンから理想の生活を想像することができます。また、マイパターンを把握しておくことは、限りある時間内にナリワイを生み出すにあたって非常に重要なことでもあります。

人生のふりかえりに使うのが、横軸で時間の流れ、縦軸で気分の上下を視覚化した「モチベーショングラフ」です。すべての年代を書く必要はありません。強く印象に残っている出来事を中心に、ざっくりと描いてみましょう。

次のページの図は、私のモチベーショングラフです。

（ワーク④ 記入例）モチベーショングラフ

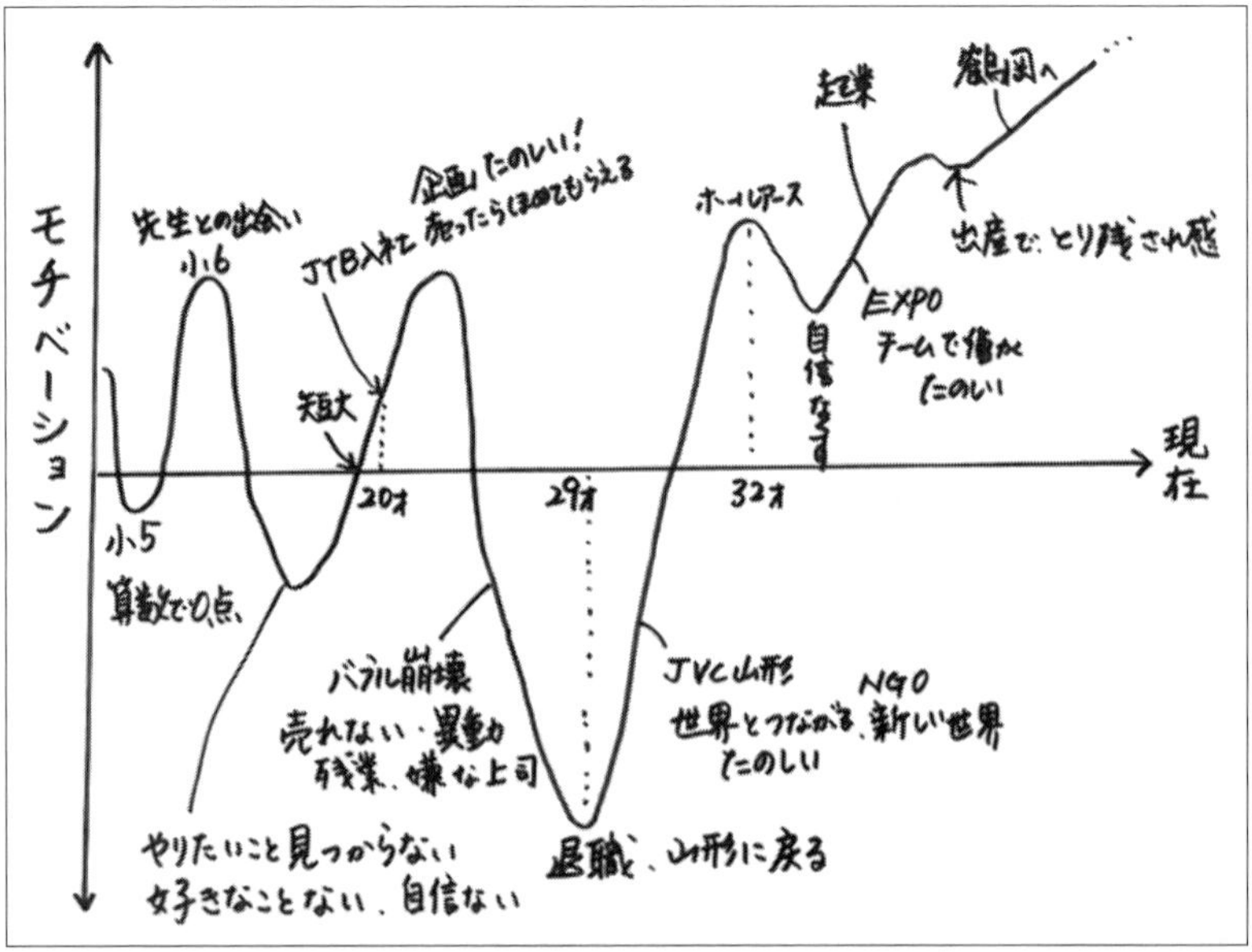


うまくいくときを上に、うまくいかないときを下に書き、私のパターンを把握する

これを描いてみて、いろいろなことが分かりました。

たとえば、私がうまくいくときは、自由度の高い環境にいるときやチームで動いているとき、新しいチャレンジをしているとき、自然のなかにいるときです。うまくいかないのは、ガチガチのルールがあるときや相手の反応が見えないとき、すでに出来上がっている仕組みを維持管理しなければならないとき、ひとりで動かなければならないとき、「まじめ」を強要されるときでした。以前から漠然と気付いていたものの、言語化したことはありませんでした。一度、しっかり言語化してみることで、自分がうまくいくときのパ

（図）モチベーショングラフふりかえり

| うまく行くパターン | 苦手なパターン |
|---|---|
| ・自由度が高い<br>・チームで動く<br>・向上心がある人と働く<br>・新しい、チャレンジ<br>・混沌状態に道をつける<br>・目標がはっきりしている<br>・自然の中にいる | ・維持管理、前例踏襲<br>・人の反応が見えない<br>・まじめ<br>・止まる |

ワークをやって気づいたこと

良い大人に出会っていた
不条理に対する憤りがエネルギー
勉強すると心が自由になる

自分用のメモなので、文章が整っていなくても自分がわかれば大丈夫

ターン、苦手なパターンが見えてきます。

また私の場合は、このワークを通して、若いときに良い大人と出会っていたこと、人に影響されやすいこと、たった一人のひと言に支えられてきたことなどにも気づきました。

**マイパターンを把握したら、まわりの環境をできるだけうまくいくときのパターンに近づくように整えていきます。**自覚さえあれば、苦手なパターンにハマっていないかどうかを時々確認し、軌道修正することが可能になります。

## ♬ワーク⑤「未来日記」を書いてみよう

ナリワイを始めたら、暮らしはどのように変わるのでしょうか？　もしも何の制約もなかったら、どんな1日を過ごしたいでしょう

（ワーク⑤ 記入例）未来日記（例）

**2025年1月6日（月）私の年齢：58歳**

| 時間 | どこで、何する |
|---|---|
| 07：00 | 起床、散歩 |
| 08：30 | 朝食、事務仕事 |
| 10：00 | あご～りば食堂バイト |
| 14：00 | みんなで昼食、昼寝 |
| 16：00 | 仕事 |
| 18：30 | 夕食（沖縄料理） |
| 19：00 | 習いごと |
| 22：00 | お風呂で読書 |
| 23：00 | 就寝 |

| 【1 仕事】 | 【2家族】 |
|---|---|
| ・ナリワイを中国、韓国に広げる<br>・インタープリターの仕事を増やす | 夫 59歳<br>子 高校3年<br>父 88歳 |
| **【3 暮らし】** | **【4 地域】** |
| ・ 3拠点居住 1～2月は沖縄<br>・移動は自転車<br>・音楽とダンスを習う<br>・パーマカルチャー実践 | ・年齢性別に関係なく、誰でも発言できる。<br>・在来作物の栽培者が増える |

1～3年後で自由に設定。もしも願ったことがすべて叶うならどんな1日を過ごしたいか？　朝起きてから寝るまでを具体的にイメージして記入する

か？　あなたの理想の働き方・暮らし方を具体的に想像しながら、○年後の理想の1日を書き出してみましょう。

手順は以下の通りです。

1.「○年後のある1日の起床から就寝まで」を具体的に想像して書き出す。

日付は、1～3年後の間で設定します。ちょっと先の未来に設定するのがポイントです。

以下のように自分に問いかけながら書いてください。

何時に起きる？　朝ごはんは誰と食べる？　午前中は何をして、ランチは誰とどこで食べる？　午後はどう過ごし、寝る前は何をする？　「ナリワイ」はいつやる？　自分は何

歳で家族は何歳？　住んでいるのどうなっているのが理想？

2．できあがった「未来日記」を見て、次の質問に答える。

・未来日記を書いてみた率直な感想は？
・「仕事」「暮らし」「家族」「地域」のうち、書けなかった項目（書きにくかった項目）は？
・書けなかった項目がある場合は、なぜ書けなかったのか？
・未来日記実現のために、まずすべきことは何？
・未来日記実現のために、誰にどんなことを協力してほしい？

理想の1日をイメージできましたか？

「我が家はまだ子どもの学費がかかるから、フルタイムで会社勤めをして、ナリワイは土曜日にやろう」と「理想の土曜日」を書く人もいるし、「挑戦してみたいナリワイが3つあるから、午前中はナリワイA、午後はナリワイB、夜はナリワイCをやってみよう」と、複数のナリワイをかけもちする1日を書く人もいます。

右の図は、私の「未来日記」。こうして書き出していくと、自分が本当は何を望んでいるのか、ナリワイがどんな位置づけなのかが明確になります。そして、自分はどこで、どのように生きたいのかを自分で認識できるようになり、漠然とした不安が薄れていきます。

私は毎年3月に未来日記を見直します。1年をふりかえり、実現できたこと、できなかったこと、理想の変化など、多くの気づきを得て新たな未来日記を書くのです。書いた後はすっかり忘れているのですが、「こうなったらいいな」を一度自分の脳にインプットしておくと、不思議とそちらに向かっていくような気がするので、毎年続けています。

# 第3章

# ナリワイづくり①企画——「やってみたい」を形に

☞第3章でチャレンジするワーク

ワーク⑥「やってみたいこと」をピックアップしよう
ワーク⑦「なぜ？なぜ？なぜ？シート」を書いてみよう
ワーク⑧「与件」をピックアップしよう
ワーク⑨「できること」をピックアップしよう
ワーク⑩　ターゲット（＝ペルソナ）を設定しよう
ワーク⑪「事業計画書」を作成しよう

## 「思い」を「カタチ」にするための道筋

第2章では、自分が好きなこと、困っていることなどを棚卸してみました。自分の新たな一面に気付いた方も、たくさんいることと思います。さて次は、あなたの「やってみたい」という思いをカタチにしていくための考え方をお伝えします。

### ♬企画は料理と同じ

ここからは、ナリワイを事業計画として組み立てていく企画の話に入ります。「企画」と聞くと難しく感じる方もいるかもしれませんが、企画は料理と同じです。

「今日の晩ごはん、何を作ろう?」と思ったときに、まず今ある材料を確認しますね。この材料にあたるものが、ナリワイでは「やってみたいという思い」「できること」「条件、制約」などです。

材料がそろったら、「誰が食べるのか」を考えます。運動量が多いサッカー部の中学生? 固いものを食べられないお年寄り? 風邪をひいて寝ている人? 宗教上の理由で食べられないものがある人? 同じ材料でも、食べる人によってメニューは変わってきます。ナリワイも同じです。**大切なのは誰の困りごとを解決したいのか、相手をしっかり設定してから考えていきます。**

（図）食べるのはだれ？

材料は同じでも、食べる人に合わせて料理を変えるように、ナリワイでも誰の困りごとを解決したいか、設定します

## ♬「カタチ」にするために必要な要素は？

ここまで何度もお伝えしてきたように、「好き」という思いだけで「ナリワイ起業」を始めても、独りよがりになってしまってうまくいかないものです。

私は、いつも頭の中に次のページの図を思い浮かべて企画をつくります。実は、これはホールアース自然学校で自然体験プログラムをつくる際に学んだ方程式。企画に必要な要素が入っているため、ナリワイづくり以外でも活用しています。

図について説明していきましょう。

①思い＝やりたいこと、やりたい理由。
②与件＝ナリワイを行う上での制約。あらかじめ与えられている条件。
③ターゲット＝あなたが喜ばせたい人。
④できること＝すでに持っている道具や資格や使え

る場所・人脈など。

⑤「それは好きなこと？」という問いかけ

## 「思い」からナリワイの内容を決めよう

上の図の1にあたる「思い」は第2章で棚卸ししてきたことです。ここでは、ワークを通して、棚卸ししてきたことをさらに熟成させて、自分がどんなナリワイをするのかを決めていきます。

**♬ワーク⑥「やってみたいこと」をピックアップしよう**

やりたいことがある方は、その思いを起点にしてナリワイをつくってみましょう。**あなたの「思い」は困難にぶつかったときに自分を支える拠りどころになります。また、思いをしっかり言葉にできると、共感したり、応援したりしてくれる人が増えていきます。**

（図）ナリワイ起業企画の全体像

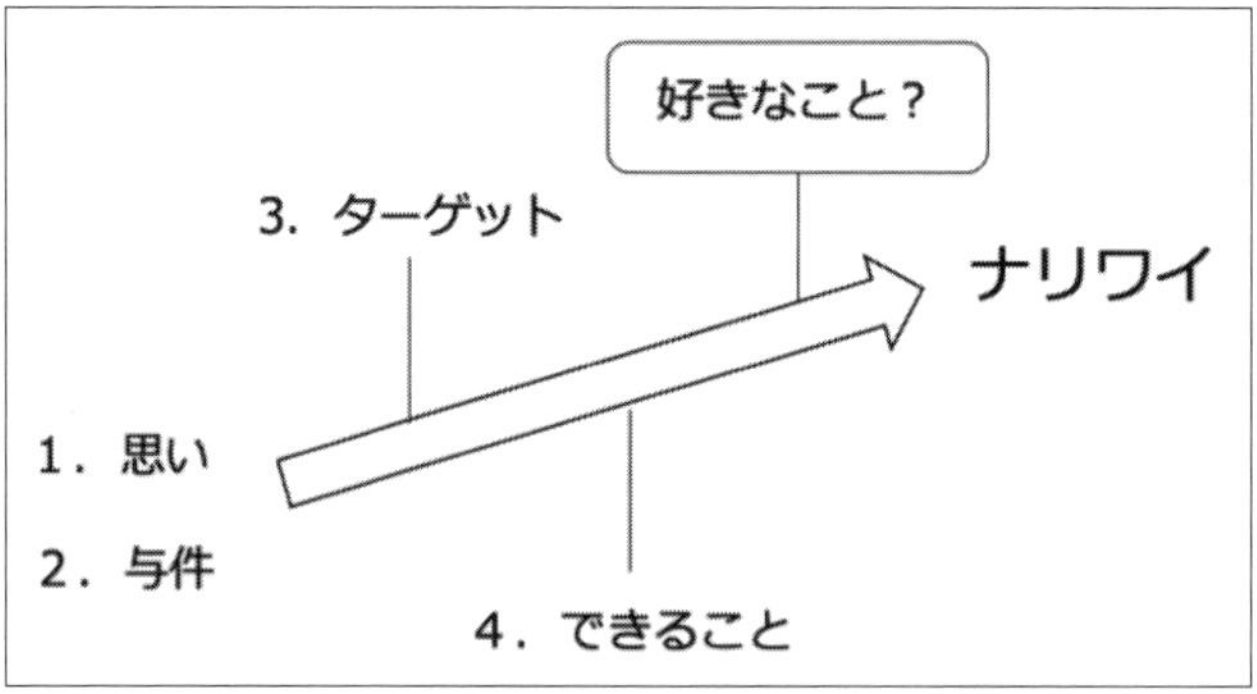


思いは起点となるが、それだけでは独りよがりになる

このワークでは、自分の思いを言葉にし、まずは自覚しましょう。手順は以下の通りです。「私は、こんなことやってみたい」、「私は、地域にこんな場をつくりたい」というものを思い浮かべてください。ポイントは主語が「私」であること。今この時点でできるかできないかを考える必要はありません。あとで変わることもあるので、練習してみるつもりで気軽に考えます。

## ♬ワーク⑦「なぜ？なぜ？なぜ？シート」を書いてみよう

やりたいことが見つからない方は、第2章でピックアップした「ささいな困りごと」や「余っているもの」などの中から、切実に解決したいものを一つ選んで、「私はなぜそれを解決したいのだろう？」と3回繰り返し、掘り下げていきます。「自分ひとりでは、しっかりと掘り下げられているのかどうかわからない」というときは、友だちの力を借りましょう。自分のやりたいことを友だちに話し、「なぜそれをやりたいと思ったの？」と質問してもらいます。

キレイな言葉に整える必要はありません。それよりも、自分の本音が出るまでやってみてください。「ナリワイ起業講座」で受講生のお話を聞かせてもらっていると、本音に辿り着いたとき、本人も私も鼻の奥がツンとするような、じわ〜っと涙が滲むような感覚になります。

参考までに、実際に私が3年ほど続けた「更年期の女性たちのための運動教室」というナリワイを企画したときの「なぜ？なぜ？なぜ？シート」を載せておきます。

（ワーク⑦記入例）なぜ？なぜ？なぜ？シート

私がやりたいこと

更年期の女性が定期的に運動する機会を作りたい

質問１「なぜやりたいの？」

45 歳頃から５年ほど、私が体調不良で苦しんだから。それまで健康には自信があったが、朝起きられない、突然の腹痛、胸が苦しいなどの症状で辛かった。何年も原因がわからず、不安な毎日だった。あるとき、立ち上がれないほどの目眩に襲われ、「もしかして更年期障害かも？」と思い、勇気を出して婦人科を受診した。医者は問診もそこそこに「更年期障害です。ホルモン治療にしますか？漢方薬にしますか？」。診察は３分で終わった。５年も苦しんだのに、たったこれだけかと怒りが湧いた。漢方薬を飲んでも症状は改善しなかったが、運動を始めたら体調が良くなった。同じように苦しむ人に、更年期障害には運動が効果があると伝えたい。

質問２「なぜ更年期の女性なの？　他の年代だっていいし、男性でもいいのでは？」

・更年期（45 ～ 55 歳）が人生の転期で、この時期の過ごし方がその後の人生に大きな影響を与えると思うから。

・避けて通れない体調の変化を社会全体が理解し、更年期の体調不良で昇進を諦める女性を減らしたい。

・私が継続して運動を続け体調管理をしたいから。

質問３「なぜ運動なの？　食事でもいいのでは？」

・私自身、食事も気をつけたが、食事だけで体調不良は改善しなかったため。

## 「与件」と「できること」をあげてみよう

「ナリワイ起業」を始めるにあたって、たとえば使える時間や資金の限界など、自分の努力では変えられない制約がきっとあるはずです。これらはあらかじめ与えられた条件という意味で「与件」といいます（60ページの図）。逆に、すでにもっていて自由に使える場所や道具、資格や自分の体力など、活動の後押しとなるできることもあるはずです。この2つをピックアップしてみましょう。

### ♬ワーク⑧「与件」をピックアップしよう

どんなに熱い思いがあっても、ナリワイの内容と与件が合致しないまま突き進むと、壁にぶつかってしまいます。ここでは、自分自身の「与件」を改めて把握しましょう。

次の与件を書き出してみてください。

- 使える資金＝ホームページやSNS制作費、チラシ制作費、材料や道具類購入費、自分が勉強する費用、資格取得費用など
- 使える時間＝1日○時間、週○時間など

・活動場所＝自宅？　レンタルスペースを借りる？
・家族の理解＝好きなように活動してＯＫ？　「家事優先」などの条件あり？
・勤めている人の場合は職場環境＝副業可能？　仕事の繁忙期は？
・資格＝資格が必要な業種があるので要確認

## ♬ワーク⑨「できること」をピックアップしよう

「与件」と似ていますが、自分自身がもっている「できること」も改めて棚おろししておきましょう。「与件」は自分の努力では変えようがありませんが、**こちらは努力や状況次第で変わってきます**。たとえば、できなかったことができるようになったり、新たに資格をとったり、人脈が広がったりしたときは、その都度書き足していきましょう。更新頻度は1年に1度くらいで十分です。

以下のようなことを書き出してみます。

・モノ、道具＝すでに持っていて、ナリワイで使えるもの。
・スキル＝持っている資格や学んできたこと、得意なこと。
・人脈＝イラストや文章が書ける人、ウェブサイトを作れる人、動画編集ができる人、ＳＮＳ発信が得意な人、地域事情に詳しい人、平日の日中動ける人、申請書類関連に強い公務員などの知人、友人など。

・体力、精神力＝睡眠さえとれていれば元気、風邪をひきづらい、重いものが運べる、批判に強い、など。

## ターゲットと価格を決めよう

「ナリワイ起業」は小さなビジネスです。だから、まずはたった一人を喜ばせることから始めます。**企画する段階では、あなたが喜ばせたい「たった一人」を具体的にしていきましょう**。ターゲットを絞り込むことで、相手の心にズキューンと刺さるナリワイを生み出すことができます。そして、この段階で価格設定についても考えておきます。

### ♬ワーク⑩　ターゲット（＝ペルソナ）を設定しよう

ターゲットとしたい人の名前、年齢、家族構成、仕事、住んでいるところ、趣味、価値観、情報収集の方法、空いている曜日と時間、行動パターンなどを細部まで想像して書き出し、あたかも現実に存在するように架空のお客様のプロフィールを作ります。そのようにして設定したターゲットを、「ペルソナ」と呼びます。

大事なのは「なぜ、その人を喜ばせたいのか？」ということまで考えること。その人を選んだ

（ワーク⑩記入例）ペルソナの設定

| 名前 | 鈴木花子 |
| --- | --- |
| 年齢 | 45歳 |
| 家族構成 | 高校1年の息子、夫 |
| 住んでいる場所 | 鶴岡市内　中心部 |
| 持ち家or賃貸 | 持ち家 |
| 今の仕事 | 主婦、夫の仕事のサポート |
| 学歴 | 都内女子大 |
| 1ヶ月に使えるお金 | 3万円 |
| 買い物する店 | 産直、主婦の店、電子マネーポイント調べお得な店を探して買う |
| 困りごと・悩み | 人見知りタイプ、息子の受験、最近太った、カーブスには行きたくない |
| 情報収集 | フェイスブック、市役所広報誌、フリーペーパー、夫、趣味の会の友達 |
| 趣味 | 書道、パンを焼く、料理、 |
| 好きなブランド | ブランドより自分が気に入ったものを。フィットよりゆったりめ、いつもきちんとした印象 |
| 好きなタレント・映画・スポーツ | わからない。Amazonプライムで見ている |

喜ばせたいたった一人のプロフィールを細部まで想定する

理由があればＯＫです。

ペルソナを設定できていないと、どうなるのでしょう？

たとえば、「30代女性をターゲットにしたワークショップを開催しよう」と思っても、想定しているターゲットが会社勤めをしている人なのか、結婚している人なのか、子どもがいる人なのか、その子どもが何歳かで動ける曜日や時間帯が違ってきます。子どもを保育園や幼稚園に預けている女性なら平日の朝10時〜14時頃。逆に、子どもがいなくてフルタイムで働いている女性なら、平日の夜か週末しか参加できないでしょう。

広報をする際も、「30代女性だからインスタグラムで発信すればいい」と一括りにしてしまうと、本当に情報を届けたい相手には届かないかもしれません。「インスタグラムを使ってはいるけれど、それは好きなタレントの投稿を見るだけで、地域情報は図書館と行きつけのカフェに設置してあるチラシを見る」という人もいるでしょう。

このような事態を避けるために、企画を考える際は「あなたが喜ばせたいたった一人」を設定し、その人に合わせて内容や日時、場所を決めることが必要なのです。

このようなお話をすると「ペルソナ以外の人が申し込んできたらどうするのですか？」と質問されることがあります。もちろんお受けすればいいのです。企画の段階では絞り込んで考えて、実際は対象とする人であれば誰が来ても構いません。

## ♬ 価格設定を決めるときに大切なこと

企画がここまでカタチになったら、価格を決めていきます。

決める際に考えるべきことは、次の2点です。

①同業者の料金は？

まずは、地域の同業者の値段を調べてみましょう。たとえば、料理教室であれば、行政が公民館で開催している教室、プロのシェフがお店の空き時間に開催している教室……など、さまざまなタイプの教室の料金をリスト化してみます。

## ②競合にあたる異業種を考えてみる

次に、少し視点を変えて、あなたのナリワイの「本当のライバルは誰なのか？」ということを考えてみてください。

あなたがパン教室を開いて、３０００円でパンづくりを教えるとしましょう。ライバルは、同業者（パン教室を開催している人）に見えます。

でも、本当にそれだけでしょうか？　３０００円でパンづくりを習いに行くこと以外にできることを考えてみてください。ヨガ教室に行ったり、新しくできたレストランで友だちとランチをしたり、オンライン講座に参加したり、読みたかった本を買ったり……と、３０００円でできることはたくさんあります。

そこで、ペルソナがパン教室に参加する目的を想像してみましょう。「引っ越してきたばかりで友だちがほしい」なら、カルチャースクールがライバルになるでしょう。「子どもが小麦アレルギーなので米粉を使ったパンを学びたい」なら、アレルギーを学ぶオンライン講座がライバルになり、「日曜の朝、子どもにアニメを見せないで家族で一緒に楽しむことを探している」なら、早朝スポーツ教室がライバルかもしれません。ペルソナの目的によってライバルは変わってきます。

**同じ価格帯で、ペルソナの目的に合致しているサービスが、あなたの本当のライバル**です。

材料費や人件費、場所代などの経費に利益を足して価格を決めるだけではなく、本当のライバルたちの料金設定もよく見て、自分の料金を決めていきましょう。

ちなみに、私はかつて週末に「小学生対象の自然体験教室」を参加費1回3000円で開催していましたが、なかなか思うように参加者が集まりませんでした。同じような教室の料金も調べたのですが、どこも似たような料金設定で、私だけが高いわけではありません。そこで、少し視点を変えて「この界隈の親子は、この時間、どこで何をして遊んでいるのだろう?」と観察してみると、近くにあるショッピングモールのゲームセンターが賑わっていました。私の本当のライバルは、同業者ではなくてゲームセンターだったのです。**「価格設定が問題なのではなく、ゲームセンターよりもおもしろいことを提供できるかどうかが問題なのだ」**という大きな発見になりました。

## 「事業計画書」を書いてみよう

いよいよ、企画の全体像が見えてきました。ここから、事業計画を仕上げる段階に入ります。この事業計画書は、このあと広報をしたり、会場や道具を借りたり……と様々な状況で必要になってくるものです。最後にもう一度自分の内面を掘り下げながら、丁寧に書いていきましょう。

## ♬それは、あなたが好きなことですか？

事業計画書の作成に取りかかる前に、最後に自分に問いかけてほしいことがあります。それは**「これは、本当に好きなことだろうか？」というひと言**です（60ページの図参照）。

第1章の「モチベーショングラフ」をふり返ってみてください。たとえば、私の場合は、「新しいことをするときはエネルギーが溢れるが、すでにルールが決まっていることを維持管理する仕事はやる気が起きない」ということがわかっています。それなのに、「ナリワイ起業」の企画に、同じことを淡々と処理しなければならない業務が入っていたら、エネルギーが湧いてくるはずがありません。かなりの努力をしなければ、続けていけなくなってしまうでしょう。

義務感からではなく「好きだから」「やりたい！」から始めるのがナリワイです。好きなことならば、努力が苦痛ではなく楽しみになるのです。この時点で「努力しないとキツい」という要素が入っているのであれば、再考することをおすすめします。

## ♬ワーク⑪「事業計画書」を作成しよう

これまでまとめてきことを総動員させて、事業計画書を書いてみましょう。

入れる要素は、以下です。

・タイトル＝まだカッコよく決め込まなくて大丈夫。内容さえわかればＯＫ。
・内容…何を、どこで、いくらで、月何回？
・料金設定＝1回（1個）いくら？　軌道に乗ったら、このナリワイで年間どの程度の利益を出したい？
・時期＝いつ始める？
・メインターゲット＝65～67ページで書いたペルソナを簡単にまとめる
・なぜ、その人をターゲットにしたいのか？…自分なりの理由があればＯＫ。
・動機＝61～62ページの「なぜ？なぜ？なぜ？シート」をもとにまとめます。
・実施するために必要なもの＝64ページの「できること」のピックアップであげたものをもとにまとめます。

事業計画と聞くと難しく感じるかもしれませんが、書いてみると簡単すぎて「こんなのでいいの？」と思うかもしれません。まずはこれで大丈夫です。

次のページの図は、私が「更年期の女性たちのための運動教室」を開催したときの事業計画書です。ぜひ参考にしてみてください。

私の講座では、事業計画書ができたら、「ナリワイ起業」の先輩や地域の人たちなど、応援してくれる人の前で7分間のプレゼンテーションをしてもらいます。そこでは「こんなアイデアを足したらどう？」、「ここはちょっとわかりづらいね」などとたくさんの意見が出るので、一度持ち帰って、練り直してもらいます。**逆に言えば、1回目は不完全でOK。**たくさんの視点を入れていくことで、完成度が高まっていくものなのです。

（ワーク⑪記入例）事業計画を書く

| |
|---|
| タイトル：　ジョサネ体操で　Change of Life |
| ターゲット：45〜50歳更年期の女性 |
| ターゲット設定の理由：<br>自分と同じ辛さを味わう人を減らしたい。 |
| 内容：1時間のジョサネ体操のあと、おしゃべり情報交換会<br>日時：毎週火曜日、10時〜11時半（3月〜12月開催）<br>講師：Aさん　　場所：Aさんのジム<br>定員：8名　　参加費：1000円 |
| うまくいったらいくら稼ぎたい？：<br>1年で10万円。内訳：主催者2名の参加費を無料に（4万円）+3万円/人<br>目的：自分が運動を続ける |
| 必要な人・物・サポート：<br>Bさんと共同主催、ポット、お茶セット、Facebookページ |

これを元に、友だちに話をしてみよう

この本を読みながらひとりでナリワイづくりにチャレンジしている方は、事業計画書が出来上がったら3人の友だちに見せて話を聞いてもらい、そこでの感想をもとに、事業計画書をブラッシュアップさせていきましょう。

**ヒント！「やりたいことがたくさんありすぎる！」という人はどうする？**

講座のなかで、時々「やりたいことがたくさんあるんです！」と言って、事業計画書を3つも4つも書く方がいます。そういう方には、優先度の高いナリワイを一つ決めてもらい、一度最初から最後までやり切ってもらいます。

あわせて「やらないことリスト」も書いてもらいます。

たとえば「ワクワクしないことはやらない」とか「赤字ではやらない」とか「土日はやらない」など、自分のなかで線を引いておくのです。もし、たくさんのことに手を出しすぎて、すべてが中途半端になってしまった場合は、やらないことリストに立ち返ります。すでに着手してしまったたくさんのナリワイのなかに、「やらない」と決めていたことが混じっているかもしれません。そこを整理するだけでも、状況が改善できることもあるものです。

# 第4章

# ナリワイづくり②広報
## ――「ナリワイ」を伝える

☞第4章でチャレンジするワーク

ワーク⑫ 「６Ｗ２Ｈ」を書き出す→膨らませる
ワーク⑬「タイトル１００本ノック」
ワーク⑭ キーワード検索でヒント探し

## そもそも「広報」とは何か?

「ナリワイ起業」の事業計画書ができあがったら、それを人に伝える「広報」の準備に入りましょう。広報とは、言葉の通り「広く報(しら)せる」こと。なお、ここではSNSで伝えることを前提にお話ししていきます。

### ♬なぜ、広報が必要なのか?

まずは言葉の整理から。広報と似た言葉に「広告」があります。たとえば、新聞の広告欄にお金を払って出稿することは「広告」、新聞で記事として取り上げてもらうことは「広報」です。「広告は『Buy me(私を買って)』、**広報は『Love me(私を愛して)』と覚えるとわかりやすいよ**」と以前、同僚から教えてもらいました。この章では「Love me(私を愛して)」についてお伝えしていきます。

広報の大きな目的は2つです。

①あなたのナリワイ(商品やサービス)を伝え、購入してもらうため。

②あなたのナリワイを知ってもらい、応援してくれる人を増やすため(これが“Love me”にあたる部分です)。

では、なぜ文章にする必要があるのでしょう。**簡単に言えば、話し言葉は消えてしまいますが、**

**文章にすれば消えることなくカタチとして残るから**です。

広報文には商品やサービスの情報だけでなく、「あなたがそのナリワイをやる理由」も必ず書きます。それを読んだ人は、自分が購入しなくても、必要とする誰かにその広報文をシェアしてくれるかもしれないし、共感して読み返しながら「自分もがんばろう！」と思うかもしれません。話し言葉だけなら消えてしまいますが、文章にすることで、あなたのナリワイはより深く、より広く知ってもらうことができるのです。

## ♬ キャッチボールの相手は誰？

広報は、社会とのコミュニケーションです。では、コミュニケーションとは何でしょう？しばしば、「コミュニケーションはキャッチボール」と言われます。想像してみてください。あなたがこれからキャッチボールをするとします。まず相手が必要です。頭の中で相手を一人決めてください。相手にボールを投げる前に、きっとあなたは頭の中で「どれくらいのスピードで投げようか？」、「相手との距離はどれくらいが適切だろうか？」などと考えるはずです。もし、相手が小学1年生であれば、距離を縮めてゆっくりボールを投げるでしょう。万が一当たっても痛くないように、やわらかいボールに変えようと思うかもしれません。もし、相手が甲子園を目指している高校球児であれば、硬球を思い切り投げようと思うでしょう。

**キャッチボールをする際、相手を一人に決める。相手によって投げ方を変える。広報も同じように取り組みます。**

次の順番で考えてみましょう。

①まずは、伝えたい相手一人を決め、**その人にラブレターを書くつもりで文章を考えます。**「たくさんの人に伝えなければ」と考える必要はありません。このときの「たった一人」とは、第3章のワーク⑩で考えたペルソナに相当します。

②相手が受け取りやすい言葉と情報発信方法を選びます。

SNSとひと言でいっても、情報発信の方法は、フェイスブック、インスタグラム、ツイッター、ユーチューブ、ラインなど、さまざまなメディアがあります。あなたが選んだ「たった一人」は、日頃どんな方法で情報収集をしているのでしょうか?

## 広報文で伝えるべきことは?

誰に伝えるのか、どんなメディアで伝えるのかを決めたら、実際に書いてみましょう。「上手い文章は、才能がある人だから書けるのだ」と思われがちですが、そんなことはありません。コツは、上手い人を真似ることと、毎回書く項目を決めてしまうこと。ポイントさえ押さえられれば、短くても構いません。

## ♬ワーク⑫「6W2H」を書き出す→膨らませる

広報文は、8つの要素「6W2H」を漏れなく書くことが大切です。この要素を覚えておくことで、どんなときも伝え漏れのない、適確な広報文を書くことができるようになります。

2つのステップに分けて練習してみましょう。

【ステップ1　「6W2H」を書き出す】

8つの要素「6W2H」を箇条書き程度で構わないので、短く書き出します。カッコよく書く必要はありません。書きやすいところから書いても構いません。

- when（いつ）
- where（どこで）
- who（誰が）
- why（なぜ）
- what（何を）
- to whom（誰に）

（ステップ1の記入例）「6W1H」を書き出す

| | |
|---|---|
| ・when（いつ） | 2020年8月16日（日）午前7：00〜8：00 |
| ・where（どこで） | オンライン会議システムZOOM |
| ・who（誰が） | 井東敬子 |
| ・why（なぜ） | ・2020年7月28日の豪雨による山形県内の災害支援活動を応援したいから |
| | ・自然体験のリスクマネジメントの知識を活かして役に立ちたいから |
| | ・自然災害が増え防災意識が高まってきているが、いざ災害が発生したとき「何をしたらいいのかわからなかった」という友だちが多かったから |
| | ・参加費を災害支援活動団体に全額寄付したいから |
| ・what（何を） | 「初心者向け防災講座（仮）」として、防災グッズを揃える前にしなければならないことを伝える |
| ・to whom（誰に） | 女性（子育てや介護中の方）、災害の備えとして何から始めればいいのかわからない方 |
| ・how much（いくらで） | 一人あたり1000円以上（参加費は全額寄付） |
| ・how（どのように） | 定員30名（先着順） |
| | お申し込み方法＝URL＊＊＊＊＊＊＊＊＊ |
| | お支払い方法＝①「メールアドレス」にアマゾンギフト券を送る。②銀行振込　口座名＊＊＊＊ |

この時点では、「たった一人」がイメージされていない

・how much（いくらで）
・how（どのように）

**【ステップ2「6W2H」を膨らませる】**

「6W2H」を書き出したら、それをベースに「たった一人」をイメージして文章を膨らませていきます。これが、実際の広報文のベースとなります。

私は、実存する公務員のSさん（30代後半女性、子ども2人）をイメージして膨らませていきました。

（ステップ2の記入例）「6W2H」を膨らませる

２０２０年7月28日の豪雨による山形県内の災害支援活動を応援！

# 防災everyday講座

## ～防災を生活習慣に～

when
**日時** 2020年８月16日（日）　オンライン開催
午前7時～8時

why
### 開催理由

現在も最上川中流域を中心に、住宅や農地の浸水など大きな被害が発生しています。一部の地域ではボランティアの受付も始まっていますが、新型コロナウイルス感染防止のため、ボランティアの受け入れは県内在住者に限られ、必要な人に支援が届いていない状態です。

「災害現場に行くより、もっと役に立てることはないか…」。思いついたのは、私が自然体験活動の指導者向けに行なっている「リスクマネジメント講座」でした。この内容を防災向けにアレンジしてお伝えし、その参加費を災害支援を行っている団体に寄付する。これで防災力アップと支援が同時にできると考えました。

who
**主催・講師：**井東敬子

東日本大震災RQ東京事務所立ち上げ
2019年６月18日 山形県沖地震経験
資格：自然体験活動総括指導者

to whom
### こんな方におすすめ

・女性（子育てや介護中の方）
・災害の備えを何から始めればいいかわからない方

How much　**参加費**
1000円以上
※参加費は全額寄付します。

What **内容**
野外活動プロが防災グッズを買うより前にすべきことを女性目線でお伝えします。

1・意識改革「災害は必ず起きる」
2・日常で無理なく練習する
　「グラッときたらコレ」
　「おうちでキャンプ」
　「わが家のレトルト総選挙」
3・買う前に捨てる

申し込み
QRコード

定員30名（先着順）
お支払い方法：＊＊＊＊＊＊＊

「たった一人」をイメージして内容を膨らませる

## ♬忘れてはいけない2つの「w」

ステップ1とステップ2を比べたときに、大きく違う点が2つあったことに気づきましたか？

「who」と「why」、2つの「w」の内容です。

「who（誰が）」は絶対に欠かせない重要な要素です。

けれども、ナリワイ起業講座で広報文を書いてもらうと、**9割の人が「私」、つまり「主催者」が誰なのかを書き忘れます。**なかには「恥ずかしいから書きたくない」という人もいます。

広報はコミュニケーションであるというお話をしました。初めての人と話す際にまず自分から名乗るのと同じように、文章でも自己紹介が必要です。知らない人から突然話しかけられれば警戒心を抱くように、**主催者が誰なのかがはっきりしない広報文を読むと「誰が主催しているんだろう、その人は何をしている人なんだろう」と疑問に感じるもの**です。さらに、**検索しても何もヒットしないと、疑問が不信感に変化し、申込みまで至りません。**私が申し込む側だったとしても、やはりそうだと思うのです。少なくとも「私は○○に住んでいる○○です。日頃はこういうことをしています。ウェブサイトまたはブログはこちらです」という簡単な自己紹介は書くようにしましょう。

「why（なぜ）」も需要な要素です。

（図）イベント告知のバナー（例）

思いに共感したプロのデザイナーが告知のバナーをつくってくれた

「なぜこのイベントを開催するのか」、「なぜこのサービスを提供するのか」を伝えることで、読み手は購入にまで至らなくても、共感すれば、応援しようという気持ちを抱くものです。

もし、広報文に書かれているのが商品やサービスの説明だけで、**そのイベントを開催する理由が書かれていなければ、価格の安さと講師の知名度だけで勝負しなければなりません。**価格は機械を導入して量産する大手企業に勝てず、キャリアでは先に始めた人におよびません。これから始めるあなたのナリワイを選んでもらうためには、価格勝負、知名度勝負の土俵に上がらないことが大事です。それには、あなたの思い＝なぜこのナリワイを始めたのかを伝え、あなたに共感し、応援してもらうことが大切になります。**機械と大手とは戦わない。これは、ナリワイ起業の鉄則です。**

もし、「なぜ」がうまく書けない場合は、61〜62ページの「なぜ？なぜ？なぜ？ワーク」に立ち返って、なぜ自分がこのナリワイを始めようとしているのか、文章で説明してみましょう。

前のページの図は、私が企画した講座のSNS広告トップ画像です。広報文に書いた私の思いに共感してくださった鶴岡在住のプロのデザイナーさんが「私もできることを」と、無料で作ってくれたのです。うれしいハプニングでした。

## ナリワイのタイトルを考えよう

次に、ナリワイのタイトルを決めます。これがなかなか難しく、講座でも「決められません」と言われることがよくあります。私たちはコピーライターではないので、100点満点の鮮やかなタイトルを即座につくることはできません。ただ、料理のレシピのように手順を踏んでいけば、やがてはつくれるようになります。最初から100点を取れる人はいません。まずは、60点を目指しましょう。

### ♬タイトルの役割は「立ち止まってもらうこと」

タイトルの役割は「読んでみよう！」と思ってもらうことです。SNSのタイムラインやインターネットの検索結果表示画面は、膨大な情報で溢れかえっています。しかも、表示されるのは、情報の一部分のみです、そのなかから、**タイトルとトップ画像だけで、「おっ！」と立ち止まってもらう必要がある**のです。

至難の業のようですが、最初は難しく考えず、「ナリワイの内容が伝わるタイトル」を考えられれば大丈夫です。

まずは、あなたがナリワイとして実施することを短い言葉で書いてみましょう。

たとえば、次のようなイメージです。

・初心者向け防災講座
・米粉を使ったパン教室
・保育園の入園グッズを作る会

### ♬ワーク⑬「タイトル100本ノック」

「もう少し、工夫したい！」と思った方は、「タイトル100本ノック」にチャレンジしてみましょう。タイトルを考えた経験が少ない人は、つくるための材料、つまり言葉が不足しています。だから、材料を集めるような気持ちで、気になるキーワードを100個、白紙に書き出してみるのです。

前述の「初心者向け防災講座」を例に考えてみます。

このときに私が考えたのは、「災害発生時に不安でフリーズしないコツを伝える講座を開催したい。とりあえず、初心者に向けた防災講座というカタチでやってみよう」ということです。この思いから連想される言葉をとにかくたくさん書き出します。

女性、暮らし、子育て、介護、防災グッズ、地震、水害、大雪、ハザードマップ、結局何から取り組めばいいの？　情報多すぎ、非常食まずい、ペット、安全センサー、備えよ常に、キャンプ、ローリングストック……。

アイデア出しのときは、質より量が大事です。パッと思いついた言葉をどんどん書き出します。書き出しているうちに、「これは絶対に外せない」という強いキーワードがいくつか見えてきたら、印をつけておきましょう。

次に、書き出したキーワード全体を眺め、気になる言葉を一つずつかけ合わせていきます。そうすると、フレーズが見えてきます。

### ♬ワーク⑭　キーワード検索でヒント探し

次に、気になるキーワードで検索してみます。

たとえば、「防災講座　女性」で検索してみると、「女性防災リーダー養成講座」、「女性防災コミュニティ」などがでてきます。う〜ん、なんだかしっくりきません。そこで、「女性　暮らし　防災」で検索してみると、今度は防災グッズについての記事ばかり。う〜ん、「私が伝えたいのは防災グッズのことではなくて、防災に対する考え方なのだけれど……」。こうして、だんだんと自分が伝えたいことが明確になってきます。

検索を続けているうちに、そういえば、東日本大震災の直後、ママ友に「敬子さんって動じないよね。なんで？　どんな備えをしているか教えて」と尋ねられたことを思いだしました。そして、「私がいつもやっていることを伝えればいいのでは？」という考えにたどり着いたのです。同時に、私は「もしかしたら、今日災害が起きるかもしれない」という前提で暮らしていて、いつも備えているから慌てないのだと気づきました。そんな経緯で、講座のタイトルを「防災 everyday 〜防災を生活習慣に」に決めたのです。

おわかりいただけたように、タイトルは必ずしもゼロから作る必要はありません。キーワードを検索して出てきたタイトルをヒントに、オリジナルなタイトルをつくるという方法はおすすめです。

## 広報文を仕上げよう

タイトルと要素が決まったら、実際に広報文を書いてみましょう。「長い文章は読み手に負担だ。

人は長い文章を読みたくない。」これは私が師匠と仰ぐプロの編集者の言葉です。確かにその方に言われた通りに文章を直すと読みやすくなり、驚きました。「短く簡潔に」これは、SNS上ではとくに重要なことです。

## ♬ こんな広報文はNG！

まずは、よくありがちなNG例。一文が長かったり、同じ言葉を重複して使っている文章です。

【悪い例1】

私はあまり体力がある方ではないので災害現場に行ってもあまり動けず、あまり役に立たないため、それ以外の方法でお役に立てることはないかと、災害が発生したときからずっと考えて、思いついたのは、私が仕事としてやっている「自然体験活動のリスクマネジメント講座」でした。

改善点1＝一文を短くする。

主語から述語までが長かったり、修飾語がたくさんついていたりすると、一読しただけでは何が言いたいのかわからない文章になってしまいます。主語から述語までを短くしてみましょう。

改善点2＝言葉の重複がないようにする。

悪い例の文章では「あまり」が3回も使われています。1カ所削除し、1カ所を「ほとんど」に変更してみます。

【改善後】
私は体力がある方ではありません。ですから、災害現場に行ってもあまり動けず、ほとんど役に立たないのです。それ以外の方法でお役に立てることはないかと、ずっと考えていました。思いついたのは、私が仕事としてやっている「自然体験活動のリスクマネジメント講座」でした。

どうでしょう。少しスッキリしたのではないでしょうか。

次は、抽象的な表現ばかりで具体的なことが書かれていない、わかりにくい文章の例です。

【改善後】
いざ災害が発生したとき「何をしたらいいかわからない」という方！
野外活動のプロが、防災グッズを買うより前にすべきことを女性目線でお伝えします。

改善点＝漠然としていてわかりにくいため、当日の「講座の内容」をプラスします。

【改善後】
いざ災害が発生したとき「何をしたらいいかわからない」という方！
野外活動のプロが、防災グッズを買うより前にすべきことを女性目線でお伝えします。

〈講座の内容〉
1・意識改革「災害は必ず起きる」
2・日常で無理なく練習する
「グラッときたらコレ」
「おうちでキャンプ」
「わが家のレトルト総選挙」
3・買う前に捨てる

言葉は自分の思いや経験から出たものでなければ、読んだ人の心には届きません。難しい言葉や美しい言い回しよりも、自分の言葉を使うことが大切です。「わが家のレトルト総選挙」や「グラッときたらコレ」などは、私が日頃使っている話し言葉をそのまま使っています。

また、「おうちキャンプ」や「買う前に捨てる」など、講座に参加しなくても、広報文を読んだだけでちょっとしたヒントをもらった、ということがひとつでも入っていると、読み手の好感度ＵＰにつながります。「読んでくれてありがとう」の気持ちも忘れずに。

### ♬「たったひとりにラブレター」を書くように

広報文は、多くの人に届けるためのものですが、文章を書くときは、ラブレターを書くときのようにたった一人を思い浮かべて書いてみましょう。思い浮かべる「たったひとり」は第３章で考えた「ペルソナ」です。誰を思い浮かべるのかで、「ですます調」なのか「である調」なのか、固い表現なのか話しかけるような表現なのか、専門用語はどの程度使うのかなども決まってきます。書き手の好みで書くのではなく、あくまでもメッセージを受け取る人の心に少しでも深く残るように、相手が受け取りやすい言葉を選びましょう。

読んだ後、その人にとってほしい行動（参加してほしい。問い合わせてほしい。情報を拡散してほしいなど）を文章に入れておくこともお忘れなく。

完成したら、いよいよ拡散していきます。「いきなりＳＮＳに投稿は無理」という方は、次のような手順で広めていきましょう。

①まずは、知り合い5人ほどに「こんな人向けに、こんなことをやろうと思っているのだけど、意見を聞かせて」などと話してみる。きっといろいろなアドバイスをくれるでしょうし、スタートしたらお客さんになってくれるかもしれません。

②ちょっと自信がついたら、次はSNSで発信してみましょう。ターゲットに合わせたメディアを選ぶのをお忘れなく。

③SNS以外でも、地元紙やフリーペーパーの出版社にメールやファックスを使って、事前告知や当日の取材依頼をしてみましょう。もし、地元紙に取り上げてもらえれば、新聞記事を事後の広報活動に効果的に使えます。

第5章

# ナリワイづくり③実践練習
## ——まずはお客さん2人、1人500円から

☞第5章でチャレンジするワーク

ワーク⑮「体験プログラムシート」を書いてみよう
ワーク⑯「ふりかえりシート」を書いてみよう

## 「体験ファースト」でいこう！

多くの起業講座は、事業計画書をつくることをゴールに設定してます。しかし、**「ナリワイ起業講座」は、事業計画書をもとにナリワイを実際にやってみることがゴール**です。実践は勇気がいることと思います。でも、ここでやらなければ、いつまでも事業計画書を抱えたままかもしれません。まずは一緒にやってみましょう。

### ♬百見は一行にしかず

「百聞は一見にしかず」という諺があります。「他人から百回聞くより、実際にその場に行って自分の目で一回見るほうがわかる」という意味です。この続きがあるのをご存知でしょうか？「百見は一行にしかず」。**百回見るより、一回行動するほうがわかるという意味**です。「ナリワイ起業」も内容を固めたら、まずは体験してみましょう。

みなさんご存知の通り、自転車の乗り方について本を読んでも、実際に乗れるようにはなりません。最初は補助輪をつけて走り、慣れてきたら補助輪を外して、後ろを押さえてもらいながら何度も走っては転び……を繰り返し、やっと乗れるようになるのです。本を読んでわかるようになることと、体験したからわかることは、まったく違う「わかる」なのです。

「ナリワイ起業」も同じです。ざっくりした事業計画をつくり、広報文を書いたら、次は、実践練習です。最初は誰だって「いきなりお客さんを相手にするのは怖い」と戸惑います。だから、まずお客さん役として手伝ってくれる友人を2人を探して、協力を仰ぎましょう。

お願いするときは、広報文を見せて説明すれば伝わりやすくなります。

## ♬ 体験学習法で学ぼう

もちろん、ただ実施すればいい、というわけではありません。

せっかくの実習から一つでも多く学びを得るために、19ページに掲載した「体験学習法」の図をもう一度ご覧ください。

梅干し作りが好きなBさんを例に、体験学習法のプロセスを確認していきましょう。

Bさんは、梅と塩だけで作る、食品添加物なしの梅干し作りを教えるナリワイをやってみたいと考えています。

**ステップ1　まずやってみる**＝友達2人に教えてみる。

**ステップ2　観察する**＝レッスン実施中の参加者の表情、どんな質問が出たか、自分の気持ちなどをしっかり観察しておきます。

**ステップ3　ふりかえる**＝レッスンが終わってから、活動をふりかえります。「参加者の表情はイキイキしていて楽しそうだったが、私は緊張してしまい全然楽しくなかった。それはなぜなんだろう？」など。

**ステップ4　気づく**＝「私はひとりでコツコツ梅干しを作ることが好きなのであって、人に教えることは好きじゃないんだわ」など。

**ステップ5　結論に至る**＝「私は梅干しを作ることに専念して、料理を作る人とコラボし、材料として梅干しを使ってもらおう」など。

Bさんは、レッスンを体験してみたからこそ、「梅干しを作るのは好きだが、教えるのは苦手」ということに気づけました。もし、本格的に始めてから気づいていたら、軌道修正するのが大変です。実践からしか学べないことがあるのです。

## 体験型イベントを企画してみよう

まずはやってみることが大事だということがおわかりいただけたかと思います。ここでは、初めての体験型イベントを企画するときのコツをいくつかお伝えします。最初は不安だと思いますが、完璧を目指さず、失敗から学ぶつもりでやってみましょう。

## ♬持ち時間は30分

「ナリワイ起業講座」では最終回にイベント実習を行いますが、一人の持ち時間は最長30分です。これは、レッスンやワークショップでも、試食会や販売でも同じです。なぜ30分なのかというと、マルシェなどに出店した場合、通りがかりの人に「ちょっと体験してみませんか?」とお誘いした際にお付き合いいただける時間のマックスが30分だからです。短い時間で練習しておけば、時間を延ばすことは比較的容易にできるので、まずは30分でやってみましょう

まずは30分内に、自分のナリワイを最大限にアピールできる体験の内容を考えましょう。

たとえば、前述の梅干し作りなら、塩加減を変えた梅干しの食べ比べをしてもらってもいいし、小さな瓶で作れる梅干しづくりの過程を見せて、梅のへたを取る作業過程だけをお客さんにやってもらってもいいでしょう。

ネイルをナリワイにしたいという方なら、実際にネイルはできなくても、洗面器にお湯をいれ手浴をした後、ハンドクリームでマッサージをしてみることもできます。

この30分はのゴールは、実際のナリワイそのものをやってみることではなく、30分の体験を通してあなたに関心を持ってもらうことです。

## ♬「60点」でスタートしよう

ここまで準備したら、あとは実践です。

とはいえ、ナリワイづくりのプロセスで、この「実践」のハードルが最も高いという方が多く、「まだ準備ができていないから、自分はやらずに、誰かのサポートをしたい」などとよく言われます。

不安な人は、「これは本番ではない。まだ自分は勉強中だ」と認識を変えてください。お客さんもまずは2人いれば十分で、5人も6人も集める必要はありません。友だちに、「今度こういうことをしようと思うので、練習のためにお客さんになってもらえない?」と頼んでみるのです。親しい間柄の人であれば、「遠慮なく改善点を伝えてほしい」とお願いすることもできるでしょう。

最初から100点を目指さない。**練習なので60点でOKです。**うまくいかなかったことは失敗ではなく、「改善点が見えた」と考えましょう。

## ♬「1人500円」、必ずお金をもらおう

ナリワイは小さいけれど「ビジネス」です。練習のためのイベントであっても、必ず最低500円(材料費がかかっている場合は、材料費+500円)を受け取ってください。この500円は、あなたが提供する商品やサービスへの「対価」です。つまり、あなたは練習に付き合ってくれる友人に、500円以上の価値を提供するということです。

そうお伝えしても、「お金は受け取りたくない」と言う人がいます。

話を聞いてみると、「タダで配っていたときは喜んでもらえていたのに、お金を受け取るようになったら品質についてクレームがくる。なんだか、自分が否定されているみたいでつらい」と言うのです。

友だちからお金をもらうことに、なんとなく躊躇してしまうという人もいました。本心ではお金を受け取りたいのに破格で引き受けてしまい、大赤字になって困ってしまったと言うのです。

また別の人は、お金をいただくことに罪悪感があって「500円を受け取っても、それ以上のお茶とお茶菓子でもてなしてしまう」と言っていました。

お金を受け取りづらいという気持ちの奥底には、「自分のようなレベルのスキルや経験で、お金をもらってもよいのだろうか？」といった罪悪感が潜んでいることがほとんどです。

**ナリワイ起業であろうが、お金をもらってビジネスをする以上、あなたはプロ**です。自分の商品やサービスの品質を、あなたにしかできない方法で最大限にまで高める責任が生じます。プロ意識が育てば、お金をもらうときの罪悪感は自然と消えていくでしょう。

とはいえ、まだ経験が浅いうちは、お客さんに初心者であることを伝えた上で、背伸びせずに小さな成功体験を積み重ねてください。経験を積むうちに、自信は生まれます。

ちなみに、私もフリーランスになったばかりの頃、自分の価格が決められませんでした。会社員だったころ1回5万円いただいていたけれど、フリーになったばかりではそんなことは言えません。頼まれた仕事は、1回1万円から受けました。でも、最近は1回10万円いただくようにしています。「井東さん高いですよね？」と言われたら、「だってプロですから」と答えます。そして、最大限の努力をします。好きなことを仕事にしているので、この「努力」が苦痛でなく、楽しみなのもいいところです。

お金をいただくことに伴う責任や緊張感、そして喜びは、お金をもらって初めてわかること。ぜひ、しっかりとお金を受け取ってください。

### ♬体験型イベントでやってはいけないこと

話の内容は、忘れられてしまいます。あなたが長々と語るよりも、参加者に体験してもらうほうが、伝えたいことはしっかりと伝わります。つい熱弁をふるいたくなるかもしれませんが、「自分がしゃべるよりも体験を！」という鉄則をお忘れなく。

## 体験型イベントからふりかえりまで

イベント実習のコツはおわかりいただけたでしょうか？　では、プログラムにあたる「体験プログラムシート」を書いて、当日に臨みましょう。終わったら、きちんとふりかえることが大切です。この本を読んで「ナリワイ起業」の準備を進めている方も、ぜひ友だち2人にお客さん役をお願いして、実践してみてください。

### ♬ワーク⑮「体験プログラムシート」を書いてみよう

おおよその内容を決めたら、最初の挨拶からお見送りの挨拶まで、内容を細かく組み立てていきます。最初に以下の質問を書いてから、タイムスケジュールと体験の内容を考えてください。

・あなたが伝えたい、このナリワイの魅力、楽しさ、大切なこと
・あなたはその魅力（または、大切なこと）にどんな体験をして気づいた？
・その魅力（または、大切さ）に気づいていないのは、どんな体験がないから？
・体験の最後にお客さんに言ってほしい一言は？

次の図は、Bさんの梅干しづくりの体験の「体験プログラムシート」です（このワークシートは、私が自然体験のプログラム作りの際に使用していたものを、ナリワイ用につくり替えました。参考／エンパブリック　ミニ教室ワークシート）

（ワーク⑮記入例）梅干しづくりの「体験プログラムシート」

| あなたが伝えたい魅力・楽しさ・大切なこと | |
|---|---|
| 安全で美味しい梅干しは、ジップロックで15分でつくれる。 | |
| あなたはその魅力・大切さに、どんな体験をして気づいた？<br>500ｇを自宅で作って | その魅力・大切さに気づいていない人は、どんな体験がないから？<br>作ったことがない。<br>材料を揃えるのが大変と思っている |
| その魅力・大切さを一番伝えたい人は？<br>Bさん30代　フルタイム勤務　子育て中 | 参加者に最後に言ってほしい一言<br>作ってみます！ |

| 時間 | 内　容 | 伝えるポイント、工夫する点 |
|---|---|---|
| 10:00 | 導入　3分<br>３種類の梅干し食べ比べ | 手指の消毒 |
| 10:03 | 体験　15分<br>作る | 梅５００ｇ、塩、はかり、<br>ジップロック、ホワイトリカー |
| 10:18 | 感想の共有　5分 | 梅干しレシピとおすすめメニュー配布<br>希望者はLINEグループ登録、フォロー |
| 10:23 | | |

参考：エンパブリック「ミニ教室をつくろう」ワークシート

### ♬ワーク⑯「ふりかえりシート」を書いてみよう

イベント実習が終わったら、1日をふりかえって学びを「見える化」しましょう。

やりっぱなしにしていては学びが得られませんが、この「ふりかえりシート」を書くことで、ナリワイをブラッシュアップしていくことができます。

**ヒント！　1サイクルやり遂げたら、盛大に乾杯しよう！**

初めてのチャレンジが終わったときは、反省点ばかりが頭のなかを占めているかもしれません。

でも、一区切りついたところで、自分をねぎらうのはとても大事なこと。ひとりきりで

（ワーク⑯記入例）梅干しづくりの「実習ふりかえりシート」

| 月日 | 今日の学び・感想 | 今日から行動に移すこと |
|---|---|---|
| 5月20日<br>やりたいことを話す<br>1回目 | ・梅干しの作り方を知らない人が多いくて驚いた<br>・ターゲットの絞り込みが必要 | ・梅干し作り講座をしている人の値段を調べる<br>・実施できる場所を探す |
| 6月1日<br>やりたいことを話す<br>2回目 | ・参加者をサポートする仕組みが必要<br>・梅干しを使った料理も聞きたいとの声。<br>・ベランダで作りたいという声 | ・祖母に昔の梅干しの使い方を聞く<br>・少量でもうまく作れるか要実験 |
| 6月30日<br>実践 | ・実際にやってみたら簡単！という声をいただいた。<br>・手を拭くものを忘れた<br>・梅酢の使い方について聞かれた。 | ・参加者のLINEグループを作り、フォロー<br>・来年用に塩分量の異なる梅干しを仕込む<br>・9月に梅干し料理教室を開催 |

もいいから、ここはぜひ、盛大に乾杯してください。そうすることによって、「次にいこう！」という気持ちになれるものです。多くの人は、ここで長々と「私、やっぱりダメなんだ」とあら探しばかりしてしまいがち。ここではチャレンジに乾杯して自分をねぎらい、新しいステップに踏み出すためのエネルギーをチャージしましょう。

**ヒント！　迷ったら、エネルギーが湧くほうを選ぼう**

がんばって準備を進めてきたナリワイですが、イベント実習を開催した後に「自分が本当にこれをやりたいのかどうか、わからなくなってきた」と言う人もいます。これぞ、実践したからこそ気づけた収穫です。わからなくなったら、自分に聞いてみてください。やってみたことでエネルギーが湧いたのか？　それともどんどん元気がなくなったり、つまらない、めんどうくさいと感じるようになってきたのか？　エネルギーが湧いてくるように感じるのは「そのまま進め！」の合図です。元気がなくなったように感じたら、ここで一度立ち止まり、第2章でつくった「好きなことリスト」に戻りましょう。

# 第6章

# ナリワイ仲間をつくろう！

## なぜ「ナリワイ起業」には仲間が必要なのか？

「ナリワイ起業講座」では、仲間を「ともに学びあいながら成長できる人」と定義しています。ナリワイは個人の事業として立ち上げますが、一人ではくじけそうになることがたくさん出てきます。そんなとき、一緒に切磋琢磨し支え合える存在、会社でいえば「同期」のような人がいれば心強いものです。

### ♬ 仲間がいるメリットは？

この本を一人で読みながら「ナリワイ起業を始めてみよう！」と思った方も、可能であれば一人でもいいので、友だちを誘ってみてください。「自分もナリワイをやってみたい」という友だちが見つからなかったとしても、ご自身のナリワイのことを話せる人を一人でもつくっておくことをおすすめします。

では、なぜ仲間がいるといいのでしょうか？

**ひとつには、自分がよく見えるようになる**、ということがあります。

人は他人のことは見えているのに、意外と自分自身のことがよく見えていないもの。自分の顔を見るために鏡が必要なように、自分の内面を知る際に、友だちが鏡の役割を果たしてくれます。

仲間と意見交換をするなかで、イラっとしたりモヤモヤしたりすることがあるでしょう。それは、そこに自分の価値観が引っかかる何かがあるからです。それは、一人で考えているだけではたどりつけない発見です。

**アイデアや意見がもらえる**、ということも大きなメリットです。

たとえば、手作りおやつを販売するナリワイを始めようというときに、自分の周囲に食物アレルギーをもっている人がいないと、ついそのような視点が欠けてしまいます。そのときに、「うちの子、アレルギーがあるから、卵を使わないクッキーも作ってもらえたら助かる」などという意見をもらえると、はっとするものです。

1人より2人、2人より3人。仲間が増えれば増えるほど、知識、経験、人脈が集結していきます。とくに、得意・不得意や、年代・暮らしている環境の違うメンバーが集まると、自分一人では思いつかなかったアイデアが見つかりやすくなります。

## ジョハリの窓

次のページの図を見てください。これは、1955年にアメリカの心理学者ジョセフ・ルフトとハリ・インガムが発表した「対人関係における気付きのグラフモデル」で、2人の名前を合わせて「ジョハリの窓」と名付けられている図です。人と人が円滑なコミュニケーションをとるた

（図）ジョハリの窓

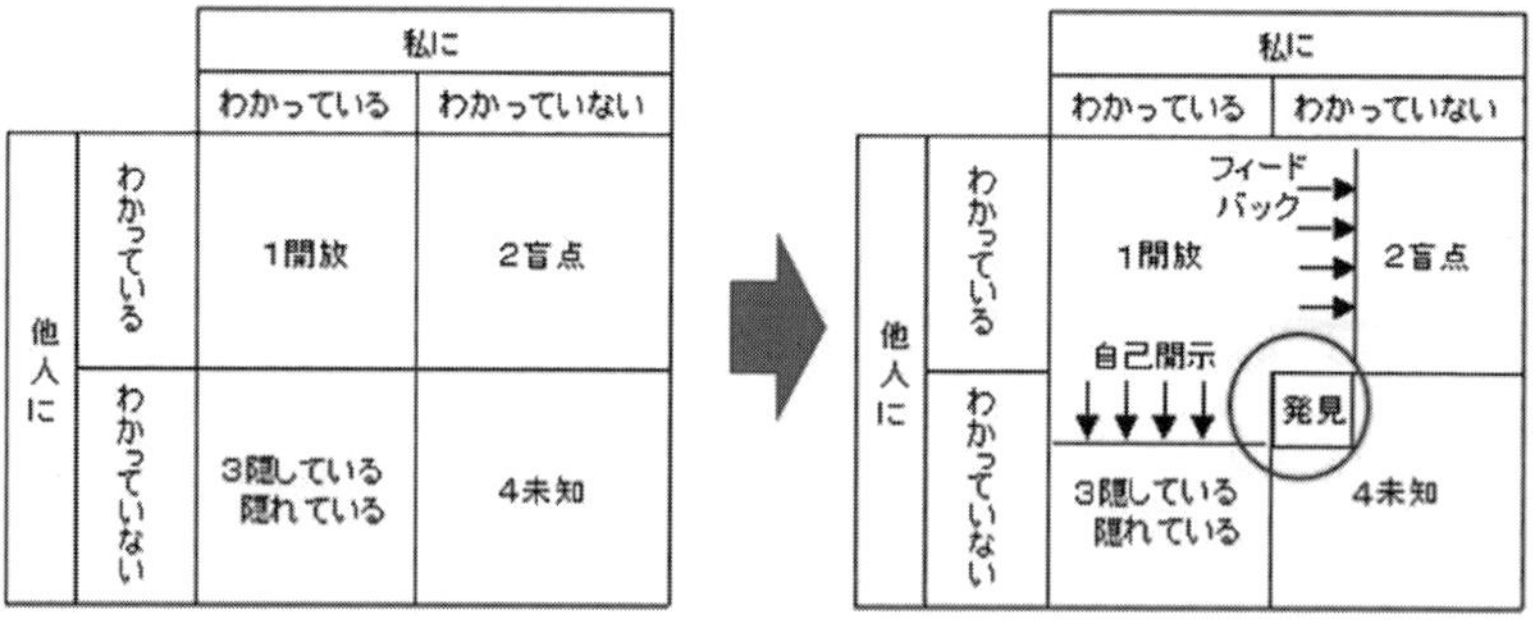


（出典）津村俊充ほか編『人間関係トレーニング』（ナカニシヤ出版）p66、p68をもとに作成

めに考案された心理学モデルのひとつとして、コーチングなどでもよく使われています。

上の図の左側で、1番目の「開放」の窓は「自分も他人も知っている自分」。つまり、「自分と他人が情報を共有している領域」です。

2番目の「盲点」の窓は「自分はわかっていないのに他人はわかっている領域」です。Aさんの癖は話すときに髪の毛を触ることと周囲はみんなわかっているが本人が気づいていない、というようなことがこれに当たります。

3番目の「隠している・隠れている」の窓は、「相手には隠しているプライベートな領域」です。相手はわからないため、ミス・コミュニケーションの原因になることもあります。

4番目の「未知」の窓は「他人も自分も知らない未知なる領域」です。

注目していただきたいのは、4つ目の「未知の窓」。私たちには、まだ自分でも気づいていない可能性がたくさん眠っています。そこで右側の図です。この可能性に気づくために必要なのは、自己開示と他者からのフィードバックです。それにより、未知の窓のなかに「発見の窓」が開きます。

安心して自己開示できる環境と、適切なフィードバックをしてくれる仲間の存在が欠かせないことを「ジョハリの窓」は教えてくれます。

## 仲間づきあい４大ルール

８年間講座を主催してきて、「ナリワイ起業」の仲間づきあいには４つの大切なルールがあることに気づきました。「友だち」ではなく、「仲間」だからこそ、この４つを守って、お互いに成長できるよい関係を保っていきたいものです。

### ♬ルール①　みんなで仲良くしなくていい

ナリワイ仲間は、仲良くするために集まった「お友だち」ではなく、仕事づくりのために集まった「仲間」です。だから、初回の講座では「みんなで仲良くしなくていい」とお伝えするようにしています。

それでも、「ミーティングが終わった後はみんなとのランチに行かなければ……」などと思う人もいますが、気をつかって疲れる必要は一切ありません。

また、「あの人が来るなら行きたくない」といった声が出てきがちです。人間ですから好き嫌いはあるものですし、ウマの合わない人と一緒にいたくないのは誰しも同じでしょう。

でも、立ち止まって考えてみてください。さきほど「仲間がいるメリット」としてお伝えした通り、自分とは違う価値観に触れられるのは、大きな発見のチャンスです。そして、「ナリワイ起業」には、自分とは違う視点をもつ人の存在が必要です。仲良くはできないけれど異なる世界を見せてくれる人として接していきましょう。

### ♬ルール② 矢印は双方向に

たとえば、AさんはSNSに自分のナリワイのことを書く際、毎回プロのライターであるBさんに「ちょっと見てもらえない？」とお願いします。見てもらったら「ありがとう、助かったわ」とお礼を言います。

一見よくあるやりとりですが、私はこれを一方通行の矢印と読んでいます。

**《Aさん　↑　Bさん》**のように、Bさんが自分のスキルを出し続けることになります。

**形がある商品の場合「それ、タダでちょうだい」とは言わないのに、アイデアやアドバイス、**

**人を紹介してもらうことなどは、無料で人を頼ってしまう人が多い**のです。頼まれた側は、最初の数回は「私でお役に立てるのなら！」と快く手伝っていても、そのうちに「この関係はなんだか変だな」と思うようになり、最終的には人間関係が破綻してしまいます。

こうならないようにするには、

**《Aさん　⇅　Bさん》**　と、AさんとBさん間の矢印を双方向にすることです。

頼む側が気をつけなければならないのは、**目に見えない知識、ノウハウ、人脈、そして時間もその人の商品であるという意識です。**人に頼むということは相手の時間をいただくことでもあります。

無料で使われた側は、静かにフェードアウトしていきます。頼んだ側は気づかないので、相手を変えてまた同じことをします。それは、双方にとってとても不幸なことだと思います。

お返しは、お金でもいいのですが、起業講座の卒業生の間では「ナリワイ交換」が行われることもあります。「手作りお菓子の新商品について意見をもらったお返しに、試作品を無料であげる」といった具合です。最初に何と何を交換するか決めておけば、あとは楽しい時間になります。

頼まれる側の人は、「お礼に何をくれるの？」、「いくら払ってくれるの？」とは聞きにくいものです。「何でもお金にしたがる人だと思われたくない」と、ガマンを続ける人もいるでしょう。でも、その人との関係を長く続けたいなら、「それは私のナリワイなので、何かと交換しましょう」

と言ってみましょう。

私は、ビジネスの相談やアイデア出しに付き合ってください、と頼まれることがよくあります。もちろん、私も「いくらください」とは言いにくい（笑）。でも、相手との関係を続けたい場合は、最初にきちんと話すようにしています。

ちなみに、これまでナリワイ交換でもらったのは、おいしいパウンドケーキ、パールのネックレスの修理、エナジーバー、花束……。相手のナリワイがそのとき私に必要ないものの場合は、現金でいただくことにしています。

**矢印は双方向。**これは、良い人間関係を維持していくために、忘れてはならないことです。

## ♬ルール③　自立する前にコラボしない。

ナリワイをはじめた当初は、誰しも自信がありません。とくに最初のイベント実習は怖いもの。そういうときに、「一緒にやらない？」と誘い合う人たちがいます。

お菓子づくりの人がハンドマッサージの人に声をかけて「お菓子を用意する間に、ハンドマッサージをするイベントをやらない？」などと提案するパターンです。

このような場面を見かけた場合は、「しっかり自分のナリワイが完成するまで、共同開催は待とうね」とお伝えするようにしています。

なぜなら、自分のナリワイが完成する前に人と組んでしまうと、自分の力でどこまでできたのかわからなってしまうからです。当日たくさんの来場者が来たとしても、それは自分の力なのか、わかりません。仮にあなたの商品が売れたとしても、それが純粋に商品の魅力なのか、一緒に組んだ人の友人が義理で買ってくれたのかもわかりません。人がたくさん来てくれて一見成功したように見えるかもしれませんが、結局、あなたは何もわからないまま、ということになりかねないのです。

**小さくても商売。まずは、自分の足で立つことが基本です。**成功・失敗を経験し、その理由を分析して改善しながら自立を目指してください。

## ♬ルール④　ライバルではなく「仲間」

同じエリア内に、同じ業種のナリワイを立ち上げたい人が複数人いる……という状況が時々起こります。**そんなときは、「ライバルが増えて私のお客さんがいなくなる」と考えるのではなく、「困りごとを解決する仲間が増えた」と視点を変えてみましょう。**

ある年の「ナリワイ起業講座」に、リラクゼーションサロンのセラピストさんが４人集まったことがありました。みなさん「疲れている人に笑顔になってもらいたい」という思いは同じ。そこで「４人で連携するからこそ解決できる課題が、この地域にあるのではないか？」と考え、介護施設に話を聞きに行きました。施術者が1人ではなく4人だからこそ、お年寄りの足のケアなどを同時に大人数にできると考えたのです。ヒアリングすると、介護保険の対象になることしかできない、という理由で実現には至らなかったのですが、いいアイデアだったと思います。

ときどき、カレー屋さんがたくさん集まったカレーフェスや、コーヒ屋さんが一堂に会したコーヒーイベントなどが開催されることがあります。利用者としては、一度にいろいろな種類が楽しめるので大満足です。同業者は切磋琢磨するライバルでありながら、地域の課題を一緒に解決する仲間。これこそ藤村さんの『月3万円ビジネス』のオヤクソクの一つ、「奪い合わないでわかちあう」精神です。

## よい話し合いをするために

「友だち」ではなく、「仲間」だからこそ、お互いに相手を映す良い鏡になれるように、ミーティングにもルールを設ける必要があります。うまく軌道に乗れば、集まった仲間たちの価値観の違いは大きな武器になるでしょう。

### ♬話し合いのルール

「ナリワイ起業」についての話し合いの場では、次のことが鉄則です。

・どんな意見が出ても否定しない（「そういう考え方もあるのか」と受け止める）。
・耳を澄ましてよく聴く。
・率直に自分の意見を言う。意見を言うときは主語は「私」にする。
・秘密を守る。

この4つを守った上で、ミーティングを次のようにオーガナイズしましょう。

①事前にミーティングの開催日時と話すテーマをメンバーにお知らせする。
②進行役を決める。
③話す時間は、全員が平等になるように割り振る。スマホのタイマーなどで時間を計る。進行役が管理してもOK。
④話し合いを始める前に、「自分がどう思うのか」を考える時間を設ける。
（日本人はまわりの意見に自分の意見を寄せていきがちだが、大事なのは自己決定。まずは自分の意見を決めることで、良い話し合いができる）
⑤4人以上での話し合いのときは、まず2人で話す時間を設ける。
（いきなり大人数の前で話そうと思うと、緊張してうまく話せない人も。徐々に人数を増やすことで話しやすくなる）

ナリワイの仲間がいない場合も、企画内容をブラッシュアップさせるためには第三者の意見を求める機会があるといいでしょう。そのようなときは、「15分だけ意見もらえない？」などと時間を決め、相談相手にターゲットを伝えてから聞きます。「5歳の子どもを保育園に預けている30代のワーキングマザーにこういうこと提供しようと思うのだけれど、どう思う？」という感じです。

ターゲットを伝えなければ、相談した相手の主観を聞くことになり、有意義な意見をもらうことは難しいでしょう。

## ♬フィードバックの方法

ナリワイをブラッシュアップするにあたって、お互いの企画に対して意見を言い合う「相互フィードバック」は、前に「ジョハリの窓」でもお伝えした通り、非常に重要なステップです。最大限の効果を得るために、次のルールを守りましょう。

①フィードバックは、求められたときに行う。
（求められていないのにフィードバックをしても効果はない。むしろ、相手を傷つけるなど、人間関係をこじらせることにつながる）

②相手にとって「鏡」のような存在になる。
（良い悪いという主観による評価は入れない。相手を映す鏡のように、見たまま、感じたままを伝える）
③愛を込めて行う。
（相手のナリワイがうまくいくこと、成長すること、ハッピーになることを願ってフィードバックする）
④ターゲット目線で行う。
（あなたの主観を話しても、相手にとっては役に立たない。「このターゲットに届けるなら、もっとこうしたほうがいいと思う」など、ターゲット目線で伝えること）
⑤主語は「私」で話す。
（主語が「あなた」になると「あなたは、○○すべきですよ」などと上から目線になってしまいがち。「私は○○だと思います」と「私」を主語にして話す）
⑥ポジティブな表現を使う。
（ネガティブな言い回しはなるべくポジティブな言い回しに変換する（次のページの図を参照））

## ♬いい人をやめて「NO」を言う

私は鶴岡ナリワイプロジェクトを立ち上げた頃、みんなに「YES」と言い続けていました。

本当は「忙しいから今できない」とか、「それは自分で考えることじゃないですか？」などと言えばよかったのですが、良い人だと思われたかったのでしょう。講座以外の時間に寄せられるあらゆる相談ごとに対応していました。同時に15人ほどから相談を受けることになった時期もあります。ついに、あるとき心身のバランスを崩し、救急車で運ばれることになってしまいました。

それ以降、自分のなかで「頼まれてからやる」「相談は有料に」など、マイルールを決めて実行しています。有料にした途端、相談はほとんどなくなりました（笑）。そのぶん時間ができたので、新しい企画を考えるようになり、ストレスなく楽しみながら仕事ができるようになったのです。万人に好かれようなんて、そもそも無理なこと。嫌われても、自分に正直に生きることにしました。

（図）ポジティブな言葉を使おう！

| | | |
|---|---|---|
| 我が強い | → | 自分の意見をしっかり持っている |
| ウワサ好き | → | 情報通 |
| 消極的 | → | 手堅い、着実 |
| 理屈っぽい | → | 論理的 |
| 行き当たりばったり | → | 臨機応変 |
| 仕事が遅い | → | 仕事が丁寧 |
| 優柔不断 | → | 思慮深い |

日常的にポジティブな言葉を使うことを心がける

# 第7章

# 「ナリワイ起業」6つの事例

## 庄内柿を使って、エナジーバーを開発…佐久間麻都香《まどか》さん（20代・2015年1期生）

1Blue株式会社取締役　柿農家

【好き】農業・庄内柿×【困りごと】地域の高齢者の手に負えなくなった44本の柿の木

（＊本章の年齢は講座参加当時のものです）

「柿の木44本あっけど、もう世話できねえ。なんとかしてくれ」

知り合いのおばあちゃんのそんなひと言から始まったナリワイがあります。麻都香さんが住む鶴岡市は、庄内柿の産地。地域の特産品ですが、農家の高齢化や担い手不足で、やむをえず木を切る人が増えています。

仙台出身の麻都香さんは山形大学進学を機に鶴岡市で暮らし始め、庄内柿が大好きになりました。先祖代々育ててきた大事な木を切るなんてもったいない！　もっと売れるようになれば、木を切らなくて済むのでは？　そんな思いでおばあちゃんから柿の木を引き継ぎ、仲間と一緒に手入れを始めました。とはいえ、柿を収穫するまでには膨大な作業があります。まだ雪が残る早春から枝の剪定、美味しくて大きな実に育てるための間引き、消毒、そして炎天下での下草刈り。けれども、手間暇かけて収穫しても地元では一箱20個ほど入って500~1000円にしかなりません。加えて、まわりはベテランの柿農家ばかり。これでは、いくらがんばっても儲けが出な

麻都香さんとデイビッド

い。作業を始めて1ヶ月も経たないうちに、そう気づくことになりました。

何か他に稼げる方法はないのだろうか？　ネットで検索すると、柿の葉茶を売っている人を見つけます。「農薬がかかっていない柿の木ない？」と講座で尋ねると、仲間の一人が何十年も農薬をかけていない柿の木を所有していると言いました。さっそく、葉を摘ませてもらい、天日干しをしてオーガニックマルシェで売ってみたところ、売れ行きは好調。2年ほど柿の葉茶をつくって売りました。でも、それだけでは生計が成り立たないため、アルバイトもかけもちです。そんな様子を心配した母親からは「大学院まで出たのに……。仙台に戻って、ちゃんとしたところに就職したら」と言われたこともあったと言います。

青年海外協力隊に参加して、アフリカ・ブルキナファソで農業指導をした経験がある麻都香さんは、英語とフランス語を少し話せました。その語学力を生かして山形大学の留学生や、移住してきた外国人と交流する活動をしていたところ、友人の紹介で市内のベンチャー企業に研究者として就職したオランダ人のデイビッドさんと出会います。彼はアウトドアスポーツ愛好家で、出羽三山の山伏修行にも参加するような人。山歩きをしながら「オランダでよく食べていたような、自然素材だけでできたエナジーバーを食べたい」と思っていました。

そんなデイビッドさんは、直売所で干し柿を見つけたときに「味がエナジーバーに使うデーツに似ている」と思ったそうです。その話を聞いた共通の友人が、「柿と言ったら麻都香さんだ！」ということで、２人をつないでくれました。

デイビッドさんが手作りしたエナジーバーの美味しさに驚いた麻都香さんは、一緒にエナジーバーを開発することを決めました。ただ、干し柿を使ったエナジーバーの商品化には、乗り越えなければいけない壁がたくさんあります。そこで、まずは輸入デーツを使って商品化することにしました。商品名は「ショウナイスペシャル」。テスト販売してみたところ評判が良かったので、麻都香さんたちは製造機械を購入することにします。日本製の機器は高額で手が出ないため、中国に機械を発注したところ、書類の不備が原因で酒田港に留め置かれて通関することができなかったり、スイッチを入れても動かなかったり……とトラブル続き。その間も加工場の家賃だけがどんどん出ていきました。

運がよかったのは、庄内中を走り回った末、干し柿づくりの名人に出会えたこと。柿を使うにあたって最大の課題は、水分量が最適な干し柿を安定的に確保することなのです。

人手不足、資金繰りなど多くの壁も乗り越え、２０２０年、ついに干し柿を使ったエナジーバー「KAKI《カキ》 ENERGY《エナジー》 BAR《バー》」が完成しました。２０２３年春からは、ナチュラルローソン（関東エリア）でも販売されています。

気づいたら、８年が経っていました。「桃栗三年、柿八年だね」と麻都香さんと笑えたことが最高のしあわせです。

庄内柿が好きだから守りたい。その思いから始まった「地域資源を有効活用する」という好例です。

KAKI ENARGEY BAR

## 難病患者が仲間と届けるホスピタル・アート…五十嵐淳子さん（40代・2016年2期生）

「ホスピタル・ハート・アクト」主宰

【好き】アート×【困りごと】自身が難病で入院中、気分転換できなかったこと

「やってみたいことがあって、講座に参加したいのですが……」。難病で療養中だという淳子さんから申し込みがあったのは、起業講座を始めて2年目、２０１６年4月のこと。言われてみれば、少々華奢に映ります。体調の急変に備え、講座中も横になって休めるスペースが必要だと言われ、迷った私は「8カ月の間、毎月2回ほど集まって学んでいきます。イベント実習もあるし、結構ハードですよ。あなたの体が心配です」と、ありのままを伝えました。私にとって、難病を抱える人と向き合うのは初めてのこと。果たして、安心して参加してもらえる環境を整えられるだろうか。迷った末に受け入れを決意させたのは、「チャンスがほしい」という彼女の真剣な眼差しでした。

淳子さんは鶴岡市の出身です。高校卒業後、アメリカに留学して英語の教師を目指していましたが、20代半ばに体調を崩して入院、手術。その後退院したものの、働くだけの体力が戻らず、自宅で療養生活を続けていました。自宅にいながら「誰かの役に立てないか」と考えていたときに目にとまったのが、「ナリワイ起業講座」だったそうです。

講座で「身近な困りごと」を探すことになったとき、淳子さんの頭に浮かんだのは入院中のこ

とでした。病気のことばかり考えていては落ち込むだけ。そう思って、気休めに折り紙を折ってみたらいつのまにか夢中になり、不思議と病気のことを忘れていたのです。

「入院患者さんの気分が明るくなるようなことをナリワイにできたらいいな」。

そんな気持ちに応えるような偶然が起きました。一緒に受講していたメンバーのなかに、絵を描ける明香《さやか》さん（142ページ）がいたのです。二人は、ちぎり絵をつくれるナリワイの先輩・有紀子さんと絵を描ける瑛乃《あきの》さんを誘い、4人でグループを立ち上げました。「体力に不安がある人でも楽しめるアートとはどのようなものだろう」と模索が始まります。当時は、子ども向けのぬり絵よりも描線が多く複雑なため、繊細で美しい絵に仕上がる「大人のぬり絵」の人気が出始めたころでした。「大人のぬり絵じゃダメなの？」とメンバーが尋ねると、淳子さんは「闘病中は、大人のぬり絵を見ただけで、うっ……となって閉じちゃったの。きっと体力がないから、複雑さに体が拒否反応を起こしてしまったんだと思う」と語ってくれました。

試行錯誤を重ねて「ぬり絵・ちぎり絵キット」が完成したのはそれから7カ月後、2016年11月のことでした。でも、本当に大変なのはここからです。

どのようにして、これを入院患者さんに届けるのか？　ここで、淳子さんは驚きの行動に出ました。それまで自分を支えてくれていた病院や社会福祉協議会に声をかけて歩いたのです。「ぬり絵やちぎり絵を使ったホスピタルアート、始めませんか？　欧米では20年ほど前から盛んです。

カラフルちぎり絵

鮮やかな色に触れたり、手を動かしたりすると心が和んで治療効果が高まります」。支えてもらう側だった人が支える側になる！　オセロの石の色が一気に反転するような出来事でした。

　それでも道のりは平坦ではありませんでした。話は聞いてもらえるものの、多くは「前例がないので難しい」、「奉仕活動なら歓迎だが、有料では難しい」という反応です。それでも「諦めません。仲間がいるから大丈夫！」と淳子さん。４人は根気強く協力者を探し続けました。そして、キットの完成から２年の月日が流れた２０１８年の９月には、酒田市の総合病院で入院患者向けの「ちぎり絵ワークショップ」、12月には「ぬりえワークショップ」の開催にこぎつけたのです。完成したぬり絵を「できたわ！」と満面の笑みで掲げる女性。入院中であることを忘れているかのようにちぎり絵に集中しているおじいちゃん。当日の様子を記録した写真からは、湧き上がる喜びが伝わってきました。

　２０２０年３月、新型コロナウイルス感染症拡大による緊急事態宣言中、前述の総合病院では、患者や医療従事者の気持ちを少しでも明るくするために絵を募集し、院内に飾る「虹プロジェクト」が開催されました。プロジェクトでは、淳子さんたちが作成した虹のぬりえやちぎり絵キットが患者さん、医療従事者のご家族、一般市民の方々に配布され、完成作品が病院の窓を彩りました。「コロナ禍にたくさんの人たちの心を温める一助となれて、ものすごくうれしかった」と淳子さん。

２０２３年春現在も病院では面会制限があり、院内でのアートワークショップもアートキット販売も休止中です。それでも淳子さんは心に響いたアートがあれば、フェイスブックとインスタグラムで紹介し続けています。「コロナが５類感染症になっても、体力がない私は感染したら重篤化するリスクが高いので、常に天国を身近に感じています。だからこそ、思うんです。もし、間もなく人生が終わるのだとしたら、いま何をやりたいのだろう？　もし、まだまだ人生が続くのだとしたら、いま何をやりたいのだろう？　両方に対して心が動いたこ

短時間でできるぬりえ

ホスピタル・ハート・アクトの仲間と。後列一番右が淳子さん

との1つがホスピタルアートなんです」

淳子さんに出会うまで、私は「難病を抱える人は、支えてもらう側にいる」と思い込んでいましたが、それは一面を見ているに過ぎませんでした。挑戦したいと思ったときに一歩を踏み出せる仕組みさえあれば、療養中だからこそ気づけること、できることがあるのです。そして、どんな状況でも「誰かの役に立っている」という感覚こそが、生きがいという、人生を支える「背骨」になるのだと思います。

淳子さんの事例でもうひとつ大切なことは、3人の仲間の存在です。彼女たちは淳子さんに「がんばれ」ではなく「一緒にやろう」と声をかけ、最後まで一緒にチャレンジを続けました。「やるのはあなた、わたしは応援するね」という意味の「がんばれ」は、「一緒にやろう」と似て非なるもの。映画や演劇では名脇役がいてこそ主役が輝きますが、ナリワイも同じ。3人のバイプレーヤたちに心からの拍手を送りたいと思います。

## 優秀なマネージャーが主役を輝かせる…

①田中恭子さん（40代・2018年6期生）ナリワイマネジメント事務所主宰
【好き】機械・システム作り×【困りごと】事務作業が苦手な人
②菊池麻里子さん（50代・2019年8期生）ナリワイマネジメント事務所主宰、星空案内人、会計サポーター
【好き】ぐちゃぐちゃしたことを整えること×【困りごと】細かいことに気が利かない人

主婦二人で立ち上げたナリワイマネジメント事務所をご紹介します。

恭子さんは福岡県田川市出身で、結婚を期に鶴岡市で暮らし始めました。「受験勉強に励む娘と一緒に、私も次のステージに行きたい」、「自分の名刺を持ってみたい」。そんな思いから講座に参加してくれました。やりたいことを尋ねると「結婚してから20年くらい、音楽家の夫のサポートと子育て、習い事の先生のお手伝いなど人のお手伝いばかりしてきたので、これといってやりたいことはないんです」と言います。

そんな恭子さんでしたが、話し合いではいつも進行役として活躍してくれるし、イベントの前はチラシ作りから場所の確保、お弁当の手配までこなしてくれます。聞けば、娘の学校の卒業ビデオの編集や趣味のサークルの事務局など、たくさんの仕事を無償でやってきたとのこと。

「実家は家族経営のカメラ屋なんです。中学生のころは、母に『新商品紹介のチラシを学校で配ってきて』と頼まれて職員室で配りました。父親がお客さんの家に納品しに行くときはついて行って、ビデオの配線もしました。人形遊びより機械いじりが好きな子どもで、高校生のころにはパソコンを使いこなし、結局システムエンジニアとして就職したんです」

そう語ってくれた恭子さんですが、講座の最終回でもやりたいことは見つかりませんでした。

もうひとりは、麻里子さん。岐阜県に生まれ、夫の仕事の関係で鶴岡市に移住しました。あるとき、私が近所の農家さんに「会計の人が辞めて困っている、誰か手伝ってくれる人いない？」と聞かれたとき、最初に思い浮かんだのが麻里子さんでした。会計の経験はないと言っていたけれど、「間違い探しが好き」と言っていたから、数字合わせのような会計の仕事は得意かもしれない。そう思って紹介したのです。さらに、「ナリワイ起業講座」の事務局のお仕事も私からお願いし、卒業イベントでは全体の会計も担当してもらいました。

本人曰く、自分から積極的に何かをやりたいというタイプではなく、ぐちゃぐちゃになっていることを整理するのが好きで、こんがらがって困っている人を見ると「最高のパフォーマンスを出せる人なのに、こんなささいなことでパフォーマンスを落とすなんてもったいない」と思うのだそうです。それは「大根の皮を捨てるのはもったいない。それできんぴらをつくれるのに」という感覚に近いのだとか。

この2人が活躍する日がやってきます。

２０２０年夏、「鶴岡スペースステーション」を主宰する佐藤涼子さんから私に一本のメールが入りました。彼女はナリワイ起業講座の卒業生です（２０１6年2期生）。「11月に、鶴岡市内の廃校になった小学校の体育館で、宇宙飛行士の講演会とＪＡＸＡから借りた宇宙服とロケットの模型の展示会をするんです。そのウェブサイトと申し込みフォームをつくったから、チェックしてくれませんか？」。イベントの予約開始3日前のことでした。

ナリワイマネジメント事務所の恭子さん（左）と麻里子さん

涼子さんは、茨城県つくば市の筑波宇宙センターで、国際宇宙ステーション日本実験棟「きぼう」の実験運用管制官として従事した経験をもつ元管制官。鶴岡市を中心に、宇宙に関する講演やワークショップ、国際宇宙ステーション観測会などを実施し、地域の方々に宇宙を身近に感じてもらうための活動をしてきました。11月の企画は、彼女にとって初めての大きなイベントになります。
さて、彼女がつくったウェブサイトを開いた私の頭の中は「？」でいっぱいになりました。どこから申し込めばいいのかがわからない。このまま進めたら大変なことになる。私だけでは手に負えない。これを整理できるのは誰だろう？　そのときに思い浮かんだのが、恭子さんと麻里子さんでした。事態をすぐに理解した2人。恭子さんは3時間ほどでウェブサイトと申し込みフォームを整理してくれました。

イベント初日は雨。心配になった私が車を走らせて会場に向かうと、すでにレインウエア姿の恭子さんが、道案内の表示をつくってあちこちに貼り出していました。麻里子さんは展示物に見学者が集中しないように、宇宙クイズをつくって展示物がない場所に貼っていました。当時は、コロナ禍で、三密を避ける必要があったのです。麻里子さんは小学生のころから宇宙や星空が大好きで、「星空案内人」の資格をもっています。その経験が役に立ちました。ハイライトの宇宙飛行士のオンライン講演でも機械好きの恭子さんが大活躍。涼子さんが全力で突っ走り、二人をはじめ多くの人がサポートしたことで、イベントは大盛況に終わったのです。

人には得意、不得意があります。人の前に出ることが得意なタレントタイプ。それを支えることが得意なマネージャータイプ。それぞれが噛み合って歯車が回るのが理想だと思います。

やりたいことがあるタイプではないという麻里子さんは、同じようなタイプの方に向けてこんなアドバイスをしてくれました。「誘われたことは、イヤじゃなかったらノってみたら？　私は、やってみたら、いい知り合いが増えました。『いい』っていうのは、『自分の時間を浪費しない』という意味です」。

ナリワイマネジメント事務所：イベントの受付をする麻里子さん

一方恭子さんは「私の原動力はお金ではないんです。お金は後からついてくるもの。誰かを応援することで、社会の経済活動の一員になって、役に立っているっていうことがうれしいんです」。

2人とも講座卒業時にはナリワイがカタチになりませんでした。でも、こうした出来事があって、「ナリワイマネジメント事務所」を立ち上げました。タレント事務所のように、ナリワイ実践者をタレントに見たててマネジメントするのがふたりのナリワイです。以降、イベントやワークショップを開催するときは、この二人に頼む人が出てきました。何を隠そう、私も彼女たちにマネジメントを頼んでいる一人です。恭子さんは当初の「名刺をつくりたい」という夢を叶えました。

「主婦は優秀なマネージャー」とは、社会学者の萩原なつ子先生（国立女性教育会館理事長、日本NPOセンター代表理事）の言葉です。たしかに、専業主婦といわれる人たちは、料理、洗濯、掃除、買い物、ゴミ出しなど、家というシステムをすべてマネジメントしています。人によっては、そこに子育て、介護、ペットの世話が加わっていることもあるでしょう。常に先を読みながら、みんなが健康で気持ちよく動けるように気を配れるスキルももっています。これほど優秀なマネージャーはいません。「自分は専業主婦だから、何もできない」と思っている人でも、生活者視点をもっているからこそ見えること、できることがたくさんあります。好きなことが見つからない場合は、「よく頼まれること」がナリワイになるかもしれません。

## 古民家を改修して、みんなが集まれるカフェと場をつくる

…富樫あい子さん（30代・2018年6期生）「古今」店主

【好き】古いもの、料理、人が才能を発揮している姿を見ること×【困りごと】空き家

あい子さんが鶴岡市の中心商店街・山王通りに、週3日だけ営業するカフェとレンタルスペース「古今《ここん》」を開業したのは2019年のこと。

彼女は農業を営むパートナーと結婚し、しばらくは隣町で暮らしていましたが、田畑が鶴岡市にあったため市内で家を探すことになりました。気になった物件は築150年の元醤油屋さん。古き良き佇まいを残した町屋で、表通りの入り口から裏通りまではたたき、天井には重厚な梁が張り巡らされています。さっそく家族で見学に行くと、広いお座敷を1歳と2歳の子どもたちが楽しそうに走り回りました。

実は、あい子さんは19歳のころから、自分の店をもつことが夢でした。女性や若者がお酒を飲まなくてもおしゃべりできる場をつくりたかったのです。自宅とお店が一緒なら、子どもが学校から帰ってきたときに迎えてあげられる。しかも、この家なら子どもたちも楽しく暮らせるに違いない。あい子さんは数ヶ月迷って、住宅ローンを組むことに決めました。当初は、生活するのに必要最小限のスペースのみを改修してお店の改修は後からするつもりでしたが、相談した建築

士から「同時に改修したほうが安い」と言われて、最初にまとめて改修することになりました。

お店の名前は、「ナリワイ起業講座」の受講中に決めました。「すでに心に決めていた名前があったのだけれど、ネーミングを決めるときは『100本ノック』だと敬子さんに言われたから、やってみたんです。100本の中から5つに絞り込んで同期のみんなに見せました。そうしたら、全員一致で『古今』がいいと言ってくれたんです」。

10畳の座敷が3間あるので、そこはレンタルスペースとして貸し出すことにしました。近くに無料で借りられる会議室もあるため、広告を出さないと無理かなと思っていたそうですが、蓋を開けてみたら、知り合いからの口コミだけで予約はほとんど埋まりました。使ってくれるのは、主に子育て中のママたちです。「私も3人の子どもを育てている場所なので、来やすいんだと思います」とあい子さん。それだけでなく、建物が醸し出す雰囲気と、あ

古今で調理するあい子さん

い子さんがつくる美味しいごはんがあるから、たくさんの人が集まってくるのでしょう。

2020年から、子育て中の母親がおしゃべりをする場もスタートしました。というのも、あい子さんが3人目のお子さんを出産したとほぼ同時期に、先ほど登場した元管制官の涼子さん、このあと登場する明香さんも子どもを授かったのです。1歳未満の子連れ外出はただでさえ大変なのに、新型コロナウイルスの流行中で気兼ねなく出歩くこともできません。何より、あい子さんは、自分自身の不安な気持ちを誰かとわかちあいたい、という気持ちでいっぱいでした。そこで、「同じように一人で悶々としている母親たちの息抜きの場になれば」と月1回のペースでおしゃべりの場を設けたのでした。3年ほど続けていると「古今には、子育て中のママたちが集まっている」という評判が広がり、市の女性議員が話を聞きに来たこともありました。今年は、助成金をもらわずに自主事業として、食事を低額で提供する「子ども食堂」を始める予定です。

「古今」という場づくりにとどまらず、あい子さんは、2020年から鶴岡市行財政改革推進委員、2023年からは総合計画審議会産業専門委員として、地域の声を市に届ける役割も担うようになっています。

あい子さんにこれから開業したい人へのアドバイスをお願いすると、こんなことを話してくれました。「自分が持っているものをどれだけみんなとシェアできるか、かな。古今にあるものは、お店も座敷も子どもの本もおもちゃも、全部貸し出せる仕組みにしてあるんです。あるものはなんでも使ってほしい。そんな考えに至ったのは、この商店街もシャッターを下ろしているお店が多く、若い店主が少ないからなんです。このまち、どうなっちゃうんだろう？　希望もなく廃れていくだけなのかな？　スラムっぽくなっちゃうのかな？　でも、私は希望をもちたい。希望がないならつくり出したい。そのためにも、あるものはなんでもシェアしながら、みんなでやっていけたらいいなと思っているんです。古今を借りた人が才能を発揮している姿を見ると、『この人がいるべき場所にいるんだな』と感じます。何より、私自身も楽しくなります。やりたいことをやっている人のエネルギーから、私も元気をもらっているんですよ」

いまや、「古今」はあい子さんが月3万円稼ぐというナリワイを越えて、「このまちで何かが生まれる場所」として機能するようになっています。

あい子さんの手作り惣菜がお店に並ぶ

## 自分、組織、住民よし！の未来をつくる「公務員Shiftプロジェクト」立ち上げ

…青木啓介さん（30代・2017年4期生）公務員、公務員Shiftプロジェクト主催

【好き】一歩踏み出そうとする人の応援×【困りごと】申請書や報告書作成が苦手な人

「喜んでもらうことが本当にうれしいし、全国に仲間もできて、わくわくする時間が増えました」。

そう語ってくれたのは、プライベートな時間に、地域づくりやナリワイ仲間の相談にのっている山形県職員の青木啓介さんです。

私が啓介さんと初めて会ったのは、2017年。当時、地域振興の部署で働いていた啓介さんは、上司に同行して打ち合わせに参加していました。上司と私が1時間ほどのディスカッションをする間、啓介さんは一言も話さず、ずっとメモをとっています。そんなことが何回か繰り返されたある日、私は進めている企画について啓介さんに尋ねました。「公務員としてではなく、一市民としてどう思いますか？」。啓介さんは、答えられません。その時は、上司の手前だから答えられないのかな、と思っていました。

そんな彼が数ヶ月後、「ナリワイ起業講座」に申し込んできました。「そういえば、どうしてあのとき答えなかったの？」と聞いてみると、「個人の意見を求められたことがなかったので、考えたこともなかったんです」と言うのです。その答えに、私は心底驚きました。

そんな啓介さんは、講座に参加した理由をこう話してくれました。

「若手経営者や地域おこし協力隊、ナリワイ実践者は、熱い思いをもって自分の意見を言うし、やりたいことをやっている。ミッションではなく『ｌＯＶＥ（ラブ）』で話すんです。それを見て仲間になりたいと思いました」。

当初、啓介さんは「子育てパパ同士が子連れで遊ぶ機会をつくる」というナリワイを考えていました。それもいいけれど、私は「公務員の啓介さんだからこそできるナリワイ」があるのではないかと感じていました。

講座卒業後、啓介さんは2期生が立ち上げたナリワイ起業家チーム「ナリワイALLIANCE《アライアンス》」（ALLIANCEは同盟の意味）に入りました。啓介さんが公務員だとわかると、さっそくみんなから「助成金申請のコツを教えてほしい」、「役所に相談に行ったら、たらい回しにされたんだけど、何課に行けばいいの?」と質問責めにされ、瞬く間に人気者に。自分の強みがわかった啓介さんは「公務員のスキルを使ってナリワイ仲間をバックアップする」という活動を始めました。

青木啓介さん

前述した佐藤涼子さんの宇宙イベントで、助成金申請のアドバイスをしたのも啓介さんです。

行政についての知識を使えば、一歩踏み出そうとする人を応援できる。ということは、自分と同じような公務員を増やせば、まちはもっと元気になっていくのでは？　そう思った啓介さんは、「ナリワイ起業講座」を卒業した公務員を中心に４人で２０２１年「公務員 Shift プロジェクト」を立ち上げました。自分たち公務員が仕事の仕方を must（やらねばならい義務）から will（やりたい）に変えることで、自分・組織・住民が三方よしの未来を実現できる。そう信じて、まずは公務員ひとりひとりが希望する生き方・働き方に〝Shift〟できるよう、きっかけと学びの場の提供を行っています。

２０２０年には「公務員 Shift プロジェクト」として、「山形県内における公務員のパラレルキャリア（兼業）に対する意識調査」を行い、山形県内の県市町村自治体職員１５６名から回答を得ました。その回答からは、多くの公務員が業務以外の活動に興味をもっていること、副業の経験が本業に良い影響を与えていることがわかってきました。

ナリワイに関わって5年、最近は、20代の公務員からアドバイスを求められることも。そんなときは、本当に県民のためになるのかどうか、という視点に立ってアドバイスをするようにしていると言います。「本来はそうあるべきなのですが、長年行政組織にいると、上司を説得することが目的になっていることもあるんですよ。かつての自分がそうだったようにね」。

酒田市山元地区の皆さんと一緒にナリワイづくり。後段一番左が青木さん

仕事に、子育てに、ナリワイに、と多忙な啓介さんに、その原動力を尋ねてみました。

「活動すると、知り合いもできることもどんどん増えていくし、自分の成長を感じられます。ナリワイに出会うまでは、仕事で頑張ると先輩からは『青木だからできた、と言われる仕事をすると後任が困る』とよく言われていました。むしろ個性を出さないことが求められていたのです。ナリワイに出会って、考え方が変わりましたね。感謝されると、承認欲求が満たされるんだと思います。それまでも感謝されることはあったけれど、それは県という組織がお礼を言われているのであって、自分が感謝されているわけではありませんから。ナリワイをするようになって、亡き父が熱心に消防団やスポーツ少年団の世話をし、たくさんの人に感謝されていたことを思い出しました。僕は、ずっと父親のようになりたかった。今は、仕事とプライベートの壁を越えて、心から人のために働き、公務員という仕事に誇りを感じています。もし、あの頃の自分と同じような人がいたら、まずは公務員以外の人と話してみたり、熱心に活動している人たちのポジティブなエネルギーに触れることから始めたらいいんじゃない？　と伝えたいですね」

とりわけ地方都市では、公務員の影響力が大きいもの。行政が味方についてくれると、その地域は劇的に変わります。「公務員 Shift プロジェクト」は、私たちの頼もしい応援団です。

## 「ホントの自分を生きる」ための居場所をつくるリーダー

…菅原明香《さやか》さん（30代・2016年2期生）色鉛筆＆水彩アーティスト「あかるさかおる」、全国通訳案内士、「Hospital Heart Act」メンバー、「ナリワイALLIANCE」代表

【好き】女性のエンパワメント×【困りごと】活動する人をつなぐ場がない

山形県鶴岡市で生まれ育った明香さんは、中学生のときテレビで阪神・淡路大震災の報道を見てジャーナリストになりたいと思い、「高校を卒業したらジャーナリズムを学ぶためアメリカ留学する」と決意しました。留学資金をアルバイトで工面して、念願の渡米。しかし、2011年9月11日に同時多発テロが発生します。それをきっかけに、自分はジャーナリストより、好きな絵を生かしてアーティストになるほうが合っているのではないかと思うようになり、方向転換を決心しました。アメリカで夢を追いかける日々は充実していたけれど、外国人であるということはマイノリティーであるということ。居場所がなかったり、理解してもらえなかったりすることからモヤモヤした気持ちを抱えることもありました。

帰国して結婚した明香さんは、夫の故郷である山形県の三川町（明香さんのふるさと鶴岡市のとなり町）で英語指導員兼通訳として非常勤職員の職に就きます。自分で指導案をつくり、英語を教えることには、大きな喜びとやりがいを感じました。

けれども、一人目の妊娠がわかったとき「非常勤には育休制度がないから……」と言われ、復職は叶いませんでした。仕事が好きだった明香さんは、悔しい気持ちを抱え、生き方を模索していました。「ナリワイ起業講座」の成果発表会に参加したのはそのころのことです。友人の発表に感動して涙が止まらず、「自分の人生の舵取りは自分でしよう。出産・育児のために仕事を辞めたのだから、子育てを優先しながら、自分らしく仕事をしよう」と「ナリワイ起業講座」に参加することを決めました。

今では、一つの肩書に収まらない活動をしている明香さんですが、講座に参加した当時の私の印象は全く違うものでした。「何をやりたいの？」と尋ねると「自分がやりたいことを話してもいいんですか？」と涙がにじんできたのです。「アメリカで外国人だったように、ふるさとでも町が違うだけで自分が外国人のように感じるんです。まわりから浮いている感覚があって、必死にまわりに合わせて生きる自分が息苦しくて……。目立ってはいけない、みんなと同じようにしていなければいけない、そうしないと、私だけではなく、嫁ぎ先の家族まで何を言われるかわからない、自分さえ我慢すれば、波風は立たないのだから……。そう思って自分の意見を言わずにいるうちに、『ホントの自分』がわからなくなってしまったんです」

子どものころから優等生で、たいがいのことはやればできた明香さんは、ほめられることが支えだったといいます。だから、嫁ぎ先でも「いい妻にならなくては。やればできるはず」とがん

ナリワイALLIANCEのメンバーと。左から2人目が明香さん

ばったのです。

そんな話に同期11名は、「自分の意見を言うことはわがままじゃないよ。この場では、我慢しなくていい」と、あたたかく受け止めてくれました。

明香さんは次第に「自分がアクションを起こせば、協力してくれる人も、応援してくれる人もいる」と思えるようになり、「ホントの自分」を取り戻していきます。講座をきっかけに好きな英語を生かした「バイリンガル育児」、絵を生かした「ホスピタル・ハート・アクト」（前述した五十嵐淳子さんたちのナリワイ）が生まれました。加えて2017年春、同期と一緒にナリワイ起業家チーム「ナリワイ ALLIANCE」を立ち上げ、そこでは代表になりました。講座修了後もメンバー同士で安心して相談しあえる場所をつくりたい。そして、これからは地方でも自分らしく生きる姿を発信していきたい。そんな思いがあったからでした。

「私はお金より信念。頼まれてもいないのに動いちゃうんですよ」と笑う明香さん。実は、あい子さんが主宰する子育てママの居場所づくり（133ページ〜）も、涼子さんが開催した宇宙イベント（130ページ）も、見えないところで支えています。

「ナリワイ ALLIANCE」を立ち上げから6年が経った頃、明香さんは「自分の活動はすべて女性のエンパワメントである」と気づきました。いつの間にか、ジェンダーをテーマとして講演をするまでになり、2022年からは、山形県男女共同参画審議会委員も務めています。アメリカとふるさとである山形県で、居場所がない、本音を語っても理解してもらえないさびしさやつらさを体験したからこそ、「かつての自分みたいな女性を減らしたい」という信念が生まれたのです。

今年で7年目を迎える「ナリワイ ALLIANCE」では、発足当時から毎月1回のミーティングを続けています。「このミーティングに意味あるのかな」と思ったこともあったと言いますが、メンバーの一人がつぶやいた「ここはホントの自分を生きる場所」という一言に、明香さんは勇気をもらいました。ある専門家から「ただおしゃべりだけしているようなチームが一番強い。それぞれの強みと性格を知っているから」と聞いて、やっと腑に落ちる答えを見つけたそうです。

こんなチームがわが町にいるとは、なんて心強いのでしょう！　人が本来持っている力を発揮

通訳案内士として外国人観光客を案内する明香さん。ペンギンのぬいぐるみを持っているのが明香さん

すると、こんなにすごい変化が起きる。

明香さんのお話を聞いて、「ナリワイ起業は、ホントの自分を生きるヒントにもなる」と私は改めて痛感しました。

# 第8章

# 「ナリワイ起業講座」を主催したい方へ

## 失敗から学んだ講座運営7ルール

ここまでお読みいただいて、「自分の地域でナリワイ起業講座を主催したい」、「ナリワイ起業家を増やすことで、地域を変えていきたい！」と思った人もいるかもしれません。

最後の章では、そのような方々に向けて、私が講座を運営してきて気づいたことをお伝えしたいと思います。

私は高校生まで田舎で育ったので、田舎のいいところも悪いところも、両方知っているつもりです。田舎では地元の人たちとのつきあい方にコツが必要です。

まったく縁のない鶴岡に移住して講座を開講することになったとき、私が一番気にかけたのは「どうやったら、地元から応援してもらえるか」ということでした。

試行錯誤の日々のなかから私が学んだ7つのことをお伝えしましょう。

### ♬ルール① 地域の歴史と文化とは戦わない

人口が少なく、人の移動が少ない地域では、どうしてもヨソ者を警戒する傾向が強くなります。たとえば、雪国では除雪や雪下ろしなど、住民同士が協力しないと生きていけません。「ヨソ者が入ってきて調和を乱されては困る」という意識は、きっと古くから根付いているのでしょう。

ヨソ者を警戒するのは、その地域が生き延びるための知恵であり、ルールなのです。前例主義、年功序列、性差による役割分担、男尊女卑なども同じく、食糧が十分ではなかった鎌倉時代前後に、地域の人々が生き抜くために考え出された社会システムだと考えられます。

今は、そのようなシステムが変わりつつある過渡期ですが、「そんな古くさい考え方なんて、壊してしまえ！」と戦ってはいけません。何百年もかけて出来上がった文化やシステムに一人で挑んでも、勝ち目はないのです。

私はせっかちで負けず嫌いなので、移住当初はそのような社会システムにいちいち腹を立てていました。でも、『3万円ビジネス』の著者である藤村さんに愚痴をこぼすと「敬子さん、文化が変わるには100年かかりますよ」と言われたのです。そこで、いったん「この文化や習慣は生きのびるための知恵だったんだなあ」と受け止めてみることにしたのです。新しいことを始めるときは、歴史や文化と戦わない。今は「私にできるところまでやって、あとは次の世代にバトンを渡そう」という気持ちです。

戦う代わりに、私は、地域にとっての「黒船」を探しました。江戸時代の終わりに黒船の来航がきっかけとなって200年続いた鎖国が終わったように、地域にとっても「黒船」のような存在があります。「黒船」は、地域によって違います。全国的に活躍する高名な学者や経営者かもしれないし、マスメディアかもしれません。そこを慎重に見極めることが大切です。

キーマンの一言で手のひらを返したように応援してくれるようになることが多々あるからです。それはまさに、オセロの角を取ったような勢いです。

### ♬ルール② 移住者と地元住民の感覚のズレに注意

移住と「ナリワイ起業」の親和性は高く、移住者の定住政策として「ナリワイ起業」を応援している自治体もあります。山形県鶴岡市（２０１５〜19年）や酒田市、秋田県由利本荘市などです。ナリワイは、移住してきた人の生きがいづくりになる上、その人のキャリアを地域で発揮してもらえれば、地域にとってもいい刺激になるからです。

とはいえ、**移住者と地元住民の間には、大きな感覚のズレがあります。**

これは実際に起きた話です。移住者Ｙさんが外国人観光客向けのお土産としてＴシャツをつくろうとしました。襟元をちょっと変えて日本風にする必要があったのですが、Ｙさんは裁縫が苦手です。だから、地元在住のＡさんにその仕事をお願いしました。Ｙさんは、Ａさんに安心してほしくて「この通りの条件できちんと謝礼を支払いますよ」と簡単な契約書をつくってＡさんに渡し、「この内容でよかったら押印してね」と頼みました。ところが、Ａさんは「契約書!? 印鑑!? もしかして騙されるんじゃないかしら？」と不安になったのか、その後、Ａさんは音信不通に。Ｙさんは、都会でのビジネスライクな仕事の仕方に慣れていた上、良かれと思ったことなので、何が悪かったのかわかりません。

これは、単に「その地域では、知った間柄でわざわざ契約書をつくるような感覚はない」というだけの話です。もし、事前に地元の人に「こういうときって、契約書をつくって渡したほうがいいかな？」とひと言確かめることができていたら、このトラブルは避けられたことでしょう。

**移住者と地元の人が交じってコミュニケーションを取ることがいかに大切なのか**を、私も改めて痛感した出来事でした。

### ♬ルール③　これから始める人とすでに始めた人は「混ぜるな危険！」

講座を始めた当初、「すでに起業しているのだけれど、思うように売上が伸びないので、改めて勉強しに来ました」という人と、これから始めようとしている人を一緒に受け入れていました。

しかし、すでに起業している彼らは、ビジネスをやっていく覚悟ができています。一方、これから始める人たちは、その覚悟がまだできていないから、講座で自信をつけようとしている。両者はまったく違う動機で参加していることになります。

すでに起業した人がこれから始める人を見ると「なぜ、やるとかやらないとかウジウジしているの？」という気持ちになりがちで、これから始める人は、「もう起業した人が、どうして今さら起業の勉強をするの？」という気持ちになるようです。

私の経験から、この二者を一緒にしないほうがうまくいくことがわかりました。まさに「混ぜるな危険！」です。

## ♬ルール④「センターを決めないＡＫＢ48」として見せる

講座が始まった初期の段階で、誰か一人だけが注目を浴びる状況をつくらないようにすることも大事です。まだよちよち歩きのうちに一人だけ注目を浴びれば嫉妬の対象になり、よけいな神経を使うことになりかねません。そのため、**取材を受ける際には、誰か一人が注目を集めないよう、必ず複数で出るように心がけていました。**

ＡＫＢ48という女性人気アイドルグループのメンバーは、所属する芸能事務所がバラバラだということをご存知ですか？　私たちも、それぞれが個人事業主として独立していながら、外からは「鶴岡ナリワイプロジェクト」というグループとして見えるようにふるまっているという点が、ＡＫＢ48にちょっと似ています。違うのは、ＡＫＢ48にはセンターがいるけれど、私たちはセンターを一人に決めることはしません。

それでも、時々、受講生の中から群を抜いて活躍する人が出てくることもあります。そうすると、自然とその人がメディアに出る頻度が増えるようになるし、イベントではその人を目当てに人が集まってくるようになります。そうなると、集客が苦手な人にも接客の練習の機会が増えたり、多くの人の目に触れるチャンスがやってきます。こうして支え合いながら成長していくのが「センターを決めないＡＫＢ48」の良さです。

## ♬ルール⑤　主役は受講生、主催者は黒子

地域で新しいことを始めると、新聞やテレビ局からの取材依頼があります。

このときに意識しているのは、「ナリワイ起業講座」は受講生のビジネスを応援するための講座であり、主役はあくまで受講生だということ。

そのため、取材の際は、私という主催者が受講生より目立たないようにしています。当たり前だと思うかもしれませんが、気づかずに受講生より目立ってしまう人が多いようです。あくまで、「主役は受講生、主催者は黒子」なのです。

ちなみに「井東」は私の旧姓で、仕事のときだけ使用しています。町内会やママ友とのつきあいでは、戸籍上の姓を使っています。新聞に掲載されるときは、「鶴岡ナリワイプロジェクト代表・井東敬子」と名前が載りますが、名前と顔写真が一緒に掲載されないように注意を払ってきました。今までたくさんのメディアに取材していただきましたが、移住してから5年ほどは、町内会の知り合いやママ友で、「鶴岡ナリワイプロジェクト代表・井東敬子」が私だと気づく人はいませんでした。出来る限り受講生を際立たせたい、という私のこだわりです。

## ♬ルール⑥　ローカルメディアを大切に

ナリワイが盛り上がって、楽しいことがどんどん生まれるまちと生まれないまちの違いは、ただ一つ。応援する人がいるかいないかです。そして、地元に応援してくれる人を増やすためには、活動を広く知ってもらう必要があります。そのためには、なんといっても**ローカルメディアを味方につけることが重要**です。

でも、本人たちは自分のナリワイに必死。そこで、講座主催者の工夫が必要になってきます。小さな起業家が一人生まれても、メディアは取材に来てくれません。そのため、プロローグでもお伝えした通り、ナリワイ起業講座を開講する初年度は「せーの!」でみんな一斉に起業宣言してもらうことをおすすめします。地域に複数の小さな起業家が一度に誕生した、となるとローカルニュースに取り上げてもらえる可能性が高まります。この知恵は、津屋崎ブランチ（福岡県福津市）を主宰する山口覚さんに教えてもらいました。やってみたら、本当にその通りになりました。よかったら、みなさんもやってみてください。

主催者はこまめにプレスリリースを書いて、ローカル紙やタウン誌、さらに地元のラジオ局などにも持っていくようにしましょう。テレビ局は、このようなローカルメディアから情報を拾っています。まずはローカル紙に取り上げてもらうことをめざしましょう。

## ♬ルール⑦　講座の受講料は有料に　身銭を切ったから身に付く

私が「ナリワイ起業講座」を開講した初年度はトヨタ財団の助成金をいただいていたため、参加費を無料にしていました。ところが無料だと、起業するつもりはなく、生涯学習の感覚で勉強だけしたい人、毎回遅刻してくる人、課題に取り組まない人などが混じってくることがありました。そこで、2年目は受講料として1万円いただくようにしたところ、真剣に受講する人だけが来るようになりました。

「お金を払ったのだから、そのぶん元を取らなければ！」と真剣になった経験、みなさんにもありませんか？　身銭を切って学んだことは身に付くものです。

ちなみに現在の受講料は3ヶ月で全6回、4万8000円です。本気でやりたい人しか来ないので、ほどんどの人が受講後、起業しています。

## ♬「わたしごとJAPAN」主催者向けトレーニング

講座開催の手順としては、第5章でお伝えしたナリワイの実践同様、まずは受講者を2人集めて、この本のワークをひとつひとつ取り組んでみてください。わざわざ会場を借りる必要はなく、近所のカフェで週1回集まるような気軽な会でも十分です。

そのような活動を一通りやってみた上で、主催者としてのスキルをもっとしっかり学びたいと思ったら、そのときはぜひ、私が共同代表を務める「わたしごとＪＡＰＡＮ」の主催者向けトレーニングにご参加ください。1〜2年に1回開催しています。

同じ志の仲間たちと出会えることも、大きな魅力の一つです。

(https://watashigotojapan.com)

✽「ナリワイ起業講座」がきっかけとなって生まれたナリワイ一覧（一部）

[お店]

・Coworking Kitchen花蓮　／鶴岡市
・古今cocon　（カフェとレンタルスペース）／鶴岡市
・ボードゲームカフェ&BAR　シェ・ピエール　／酒田市
・リラグゼーションfamille
・あご〜りば食堂／沖縄県うるま市
・海畑食堂てぃ〜あんだ／沖縄県うるま市

[本格起業]

・花のアトリエ・チョコレートコスモス
・ナチュラルエナジーバー・ショウナイスペシャル（商品名）
・HAYASE　オーダーメイドジュエリー

・すくすくやさい畑（農業）
・かもデザイン（地域づくり）
・COCOSATO（地域づくり）／酒田市
・ヒャクショーデザイン（地域づくり）／酒田市

[コミュニティー]
・ナリワイALLIANCE
・子育てALLIANCE
・芽から樹／山形県最上地域
[プロジェクト型]
・ホスピタル・ハート・アクト
・ナリワイマネジメント事務所
・TOKOAGE GIFT（産後の女性支援）
・ikigai講座（シニアの生きがいづくり）
[ライター] 2名
[動画撮影・編集] 1名 ／上山市
[講師業]
・鶴岡スペースステーション
・ちいさなオシャレ相談室
・野木桃子（山の恵み料理人）／大江町

・こんなな（料理研究家）
・リモネッタ（カラー診断）
・cocokara yoga
・Inside Tsuruoka（通訳案内士、コンサルティング）
・つるおかライフデザイン研究所（ジェンダーワークショップ、出会いのファシリテーター）
・工房げるぐど（こけし職人）／北海道
・器用万歳（消しゴムハンコなど）
・トランスパレント・ルーム（ちぎり絵）
【イベント型】
・ルナリズム（布ナプキン）
・40代からのボディーメイキング
・もくもくと領収証を整理する会
・Dialogue in 庄内（対話の場づくり）
・ル・モンペ（着物）／山辺町
・地域の歴史研究会
【公務員が始めたナリワイ】
・公務員Shiftプロジェクト
・ブックカフェ e-toco
・Facebookコミュニティー運営

※講座卒業当時の当時の屋号、事業名です。
※現在はお休みしているものも含まれます。

# エピローグ

「ナリワイ起業」は、ほしい未来を
自分の手でつくり上げるための手段

## ♬スーパースター1人の100歩より、「ふつうの人」100人の一歩

私が住むまちは、鳥海山と出羽三山に囲まれ、西には日本海を望むことができます。山菜、米、魚介類など、おいしいものもたくさんあります。大寒の時期の地吹雪をのぞけば（笑）、こんなに素敵な場所はないと思います。でも、人口減少は進んでいます。とくに、若者や18〜39歳女性の流出には歯止めがかかりません。

ちょっと話が逸れますが、私は、これからの日本は人口が減ることを前提として、社会制度を本気で変えていかなければならないと思っています。「人口減少を食い止めるために、もっともっと女性に子どもを産んでもらわなくては」という発想には腹立たしさを感じています。

日本より人口が少なくても、日本より幸福度が高い国はたくさんあります。たとえばフィンランドは、日本より少し小さい面積に554万人しか住んでいません。日本の人口の5％です。でも、世界幸福度ランキングでは6年連続の1位。それに対して日本は47位（世界幸福度報告書2023年版）です。この幸福度の低さには、社会の歪みを感じざるを得ません。

幸福度が低い原因は、人口が増加していた時代につくられた社会のシステムや考え方が、人口減少の局面に入っても切り替えられていない点にあるのではないでしょうか。

そのことに気づいた行政もNPOも企業も、社会をよりよくしようとがんばっています。でも、いつまでたっても課題はなくならず、むしろ増えているように感じるのは私だけでしょうか。

立ちはだかる大きな壁を前に、「課題を解決してくれるリーダーがいたらいいのに」と思う人もいるかもしれません。でも、私は約30年、市民活動に関わり続けて、気づきました。仮にそんなスーパースターのようなリーダーが現れ、そのひとりが奮闘しても、課題は解決しないことを。

では、暮らす地域を良くするには、どうすればいいのでしょう？　私の答えは、**「いま動いていない『ふつうの人たち』が行動を起こすこと」**です。

**自分が「こうあったらいいな」と願う未来は、誰もつくってくれない。自分がつくるしかない**のです。スーパースター1人の100歩より、「ふつうの人」100人の一歩。これが、自分の暮らしを望む方向に変えていく方法です。

## ♬人が主体的に動くには？

では、どうしたら「ふつうの人」が自ら動くようになるのでしょうか。

30代で自然ガイドとして環境保全活動に没頭していたときから、私は「どうしたら、人は主体的に動くようになるのだろう？」と考えていました。考え始めたきっかけは、青木ケ原樹海で洞窟探検をした修学旅行生たちの多くが「面白かった！」と言いながら、帰り道でゴミを拾う様子を目にしたからです。当初は、「なぜ彼らは、自分からゴミを拾ってくれるのだろう」と不思議でした。でも、だんだんと「森と彼らのあいだにつながりができたからなのだろう」と感じるようになったのです。きっと**人は、自分とかかわりがあるものを助けようとするのだ**、と。

そして、「ナリワイ起業講座」を始めて、もう一つ答えを見つけました。**好きなことをやるときも、人は自分から動き出す**のです。料理、読書、宇宙、ジュエリー、おしゃべり……など、みんな好きなことを話しているときは顔がパッと輝きます。「どうやってモチベーションを維持しようか？」などと悩む必要もありません。他人から見ると努力しているように見えることでも、本人は没入して、ただただ幸せを感じているのです。

好きなことで、誰かの困りごとを解決して、お金をもらう「ナリワイ起業」は、好きだから続けていると、地域の人たちとつながりができるから、もっと地域のために動きたいという気持ちが湧いてくる。「ナリワイ起業」には、「ふつうの人」が主体的に動き出すための動機が詰まっているのです。

これは想像で書いているのではなく、この８年、私が鶴岡市で見てきたことに基づいています。「ナリワイ起業」は、市民が行政サービスの受け手から、提供する側にまわる「やさしい革命」。自分がほしい未来は自分の手でつくれるのです。一人でできないなら、みんなでつくればいいのです。

## ♬まだ見ぬ景色を見に行こう

とはいえ、ここまで読んで「自分にできることなんて何もない」と思った方もいるでしょう。そんな人には、自分のなかに眠っている可能性の引き出し方をお伝えしたいと思います。それは、いつもの行動をちょっとだけ変えてみること。いつもより1時間早く起きてみる。本屋さんで、いつもは立ち寄らないコーナーを眺めてみる。定番じゃなくて、新発売のポテチを食べてみる。そんなことでいいのです。

私は近くにある月山《がっさん》という約2000メートルの山が好きで毎年登りに行くのですが、急な斜面では10歩登るだけでも見える景色がまったく変わります。それと同じように、ほんの少しでも行動を変えると、今まで気づかなかった光景に出会えるのです。

それでもやっぱり無理と思う方は、好きなことを誰かに話すことから始めてみませんか。体の奥からエネルギーが湧いてきて、どんどん楽しい気分になるはずです。その日一日を機嫌よく過ごすだけでも、家族や同僚の反応は変わります。そこから、あなたの人生が変わり始めるかもしれません。

数ある本の中から選んでこの本を手にしてくださったように、小さな一歩でも踏み出すことができれば、未来は変えることができるのです。

## おわりに――稼ぐことだけを目的にしない新しい働き方

いきなりですが、「死ぬまでにやっておきたいことってなんだろう?」と考えたことはありますか？　2021年の夏、そんなことを考える機会が訪れました。尊敬する先輩が、突然この世を去ったのです。一ヶ月前まで一緒に仕事をしていただけに、大きなショックを受けました。そのときに、ふと思ったのです。もし、私の命が今日で終わるのだとしたら、何をやり残したと感じるのだろうと。パッと浮かんだのは、これまで「ナリワイ起業講座」に参加してくれたみんなの笑顔でした。

「好き」を起点にした小さな仕事づくりを通して仲間が増え、みんなが笑顔になる。自分が暮らすまちが好きになり、いつしかまちの課題が「わたしの課題」に変わる。お金の使い方が変わり、地域に小さな経済循環が生まれる。稼ぐことだけを目的にしない、新しい働き方。そんな「ナリワイ起業」の方法を、記録として残しておきたい。その思いから、この本を書きました。

やりたいことがあるけれど、始め方がわからない。子育てしながら、これまでのキャリアを活かして働きたい。身銭を切らずに、地域でいいことをしたい。そもそも、やりたいことがわからない。そのような方々に手に取っていただけたら、とてもうれしいです。

この本は多くの方のお力を借りることによって誕生しました。藤村靖之さん、たくさんのアドバイスをありがとうございました。根気よく編集作業に付き合ってくれた棚澤明子さん。明子さんがいたからこの本が書けました。本当にありがとうございます。この本の出版を決めてくださった彩流社の出口綾子さん。「ナリワイ起業」の意義を理解したいと、ワークショップにもお付き合いくださいました。ありがとうございます。表紙のイラストは鶴岡の人に描いてもらいたいとの思いからhumming DESIGN 宮城妙さんにお願いしました。ナリワイがまちに広がる様子を素敵に表現してくださってありがとう。

事例紹介の章で情報提供いただいた青木啓介さん、五十嵐淳子さん、菊池麻里子さん、佐久間麻都香さん、菅原明香さん、田中恭子さん、富樫あい子さん。そして「ナリワイ起業講座」卒業生、わたしごとＪＡＰＡＮのみんな！　みんなのことを伝えたくて、この本を書きました。

心から感謝を申し上げます。

最後に、今は天国にいる先輩にも感謝を。お約束通り、本を書きました。どうぞ、読んでください。

２０２３年７月

井東敬子

●著者プロフィール

◉井東敬子（いとう・けいこ）

鶴岡ナリワイプロジェクト代表、わたしごとJAPAN 共同代表。JTB、国際協力 NGO、ネイチャーガイドを経て、2006 年、東京で起業。2005 年、移住先の山形で鶴岡ナリワイプロジェクトを立ち上げ連続講座を開始。8 年で 77 名が卒業。2019 年、ナリワイの全国ネットワーク「わたしごとJAPAN」設立。現在は、ナリワイ、地域づくりファシリテーター、旅行会社、自然体験の4足のわらじを履いて複業中。山形県産業教育審議委員、くらすべ山形!移住・定住推進委員等を歴任。

表彰：山形県男女共同参画社会づくり功労賞。

カバー・本文イラスト：humming DESIGN 宮城妙

「好《す》き」で仕事《しごと》をつくる　ナリワイ起業《きぎょう》

――地域《ちいき》が変《か》わるスモールビジネス

2023 年 8 月 28 日　初版第一刷

著　者　井東敬子 Ⓒ 2023

発行者　河野和憲

発行所　株式会社 彩流社

〒101-0051　東京都千代田区神田神保町 3-10　大行ビル 6 階

電話　03-3234-5931

FAX　03-3234-5932

http://www.sairyusha.co.jp/

編　集　出口綾子

装　丁　福田真一［DEN GRAPHICS］

印　刷　モリモト印刷株式会社

製　本　株式会社難波製本

Printed in Japan　ISBN978-4-7791-2917-9 C0036